# 成功する人はなぜ『やる気』を持ち続けられるのか

SUGOU ARATA
菅生 新 著

THE GOOD BOOKS ON THE EARTH
TWJ
BOOKS

# はじめに

## 人生は『やる気』を探す旅

私は、「菅生新のサクセスファイター」というラジオ番組のメイン・パーソナリティを一九九四年から関西で始めました。ありがたいことに長寿番組となりまして、二〇〇五年十月からは同名のテレビ番組となり放送してきました。この番組では主にベンチャー起業家をゲストにお呼びして、事業に関するさまざまなこと、成長の過程、本人の成功観などをお聞きしていました。

ゲストは、私が直接知り合った方々とその紹介で次々に途切れることなく続いて参りました。そして、皆さんの期待にお応えして、ゲストからなるべく良い話を引きだそうと工夫しながらベストを尽くしてきました。

二〇〇七年四月からは、関東地方で「菅生新のドリームファイター」というテレビ番組にて同じく幅の広い層のゲストを招いて対談しておりました。その後、萩本欽一さんと全国放送の「日本元気化計画～日々新たなり～」や、たむらけんじさんと「Bプロジェクト」などの番組でMCをして、起業家をゲストとしてお呼びし、延べにすると数百名の方々と対談してきました。

おかげさまで、多くの方が、「ぜひ、菅生さんの番組に出演したい」「番組に出演する人を紹介したいが、どうでしょうか」と東京でも大阪でも、私や番組スタッフに声をかけてくださっていました。とてもありがたいことです。

ゲストのベンチャー起業家の方々は、大変苦労された方が多く、その話には涙を誘われたり目が点になることもよくあります。逆にあまりに面白いお話で、腹を抱えて大笑いすることもあります。もちろん、事業のお話をお聞きすれば、その独創性と熱意に驚き、経営手腕に感心することしきりです。仕事といいながら、とても楽しい思いをさせていただき、皆さんに申し訳ないような気がするほどです。ですから、放送を通じて皆さんと〝気づき〟を共有したいのです。

番組で数百人のベンチャー起業家にお会いして、私は、ベンチャー起業家の共通点に気がつきました。それは一言でいうと「強烈な『やる気』モチベーション」です。ひとりひとりが強烈な個性をお持ちですから、そのニュアンスは違うのですが、どなたも使命感とも言うべき強い『やる気』をお持ちなのです。皆さん、事業に打ち込む姿勢が半端ではありません。ゼロから事業を興して、ベンチャー企業を引っ張る方々ですから当たり前と言えば当たり前ですが、番組の収録でお会いすると、『やる気』が目に見えるような感じなのです。まさに『やる気』がエネルギーとなって私に押し寄せてくるような気がします。

「自分がやらなければ誰がやる」という意気込みと言い換えてもよいでしょう。そして、彼らの『やる気』は生き様、すなわち人生そのものなのです。

ベンチャー起業家の多くに共通しているのが「この業界はオレが切り開く」「この事業を命に代えてもやり遂げる」といった強烈なまでの意志です。彼らは、事業を完遂するという『やる気』を自分の中に刻みつけています。違う観点から見れば、強い『やる気』を持ちつづけることが、成功するための第一条件と言えるでしょう。しかしながら、それは一般には簡単なことではありません。

多くのベンチャー起業家にお会いしてきて、私は、「『やる気』をどのようにして持ち、維持するのか、そして人に伝えるのか」ということを深く考えるようになりました。この本では、これらの点について皆さんと一緒に考えていきたいと思っています。本文中にケーススタディとして私が日頃から身近に接している注目のベンチャー起業家たちの紹介を織り交ぜています。

この本で伝えたいキーワードは〝人生は『やる気』を探す旅〟です。

# 成功する人はなぜ『やる気』を持ち続けられるのか　目次

**ベンチャー経営者『やる気』事例**

# 第一章　すべては『やる気』の獲得から始まる

# 成功とは

## 成功とは自分自身の目標をひとつずつ実現し続けること

「成功」の反対は一般的には「失敗」といわれますが、人が生きていく時間の過程を考えると違います。なぜなら「成功した人生」という言葉を考えてください。それに対して「失敗した人生」という言葉は反対語としてはピンと来ないでしょう。反対語は「平凡に生きた人生」でしょう。

つまり「成功」の反対は「失敗」ではなく、「平凡」又は「凡庸《ぼんよう》」だと思います。なぜなら、成功者たちも多くの失敗を経験し挫折した後にそれをバネに成功を手にしています。よく「あの失敗や挫折が無かったら今の自分はない」と言います。そこから考えれば、失敗は成功に含まれているもしくは、失敗の延長線上に成功があるという言い方もできます。チャレンジをしていれば必ず失敗はあります。広い意味で捉えれば、失敗を含まない成功人生はないとも言えるのです。凡庸というのはチャレンジしない状態です。何もチャレンジしなければ成功することはありません。ですから私は、成功の反対は凡庸と考えるのです。また、チャレンジが止まれば凡庸でしょう。

成功するには運もあるかもしれません。けれど一番必要なものは「努力・継続・向上心」です。成功している人ほど今の自分に決して満足せず、常に上を目指しています。成功者たちの共通の考えは、「成功しているとは思っていない」ということです。社会的にも経済的にも大きな成功を収めていても「まだ思っていることの十分の一も達成していない」とも言い切ります。成功とは、エンドレスなのです。ひとつの目標を達成すればすぐに次の目標があります。成功というのは、ゴールが続いてあるようなもので終わりがありません。

成功者は常に上を見ており、階段を登る楽しさを知っています。自分で立てた目標を着実に実現していくことが成功です。ある意味、目標に向かって突き進んでいる人すべてが成功者と言っても過言ではありません。**正しい『やる気』を持って進んでいくことができれば、あなたはすでに成功に属している**とも言えるのです。なぜかというと、あなたが使命と思える真の目標設定をすれば、そこに進んでいくだけでいいのです。自分だけのオリジナルな目標を設定し、それを実現する方法を見つけて邁進すればよいのです。

たとえば、オリンピックで9個の金メダルを獲得したアメリカの陸上選手、カール・ルイスは少年の頃、足がそれほど速くなかったそうです。妹のキャロルがとても足が速く、彼は陸上競技については劣等感があったほどです。あるとき、父親が「人と比べるのはやめなさい。自分の目標とする数字を設定して練習しなさい」とアドバイスしました。その助言に従って、走る練習を続けた結果、それが世界レベルにまで達したのです。

これは特別なケースでありますが父親のアドバイスは素晴らしいものです。大切なことは「人と比べるのはやめなさい」ということでしょう。普遍的なアドバイスです。「人と比べないように」とは常に言われることですが、どうしても私たちは他人と比較してしまいます。他人と自分では、人生の目標から生き甲斐、価値観などすべてが違います。ですから比べることに意味はないのです。また、精神的なことは外からはわかりません。そのように考えれば、比べることさえできないのです。ですから、他人と比べることなく、自分だけの目標を立てて、そこへ突き進むことを考えてください。**成功とは自分が立てた目**

**標をひとつずつ実現し続けていくこと**なのです。

## 〝理論武装〟で自分のレベルアップを図る

世の中で成功者と言われる人は、成功する習慣を身につけており、自分のすることを〝理論武装〟しています。理論武装については、アメリカのベンチャーで大成功者であるビル・ゲイツ氏が率いるマイクロソフト社の面接試験に学ぶことができます。理論的に答えを出せるかという試験で、そのひとつは「どうしてマンホールが丸いのか？」という質問です。これについては「転がるから運びやすい」などいろいろ考えられますが、正解は「マンホールは丸いので穴から落ちない」です。もし、四角であれば、対角線のほうが一辺より長いので、下に落ちてしまいます。それでは危険で作業ができません。この「穴から落ちない丸いフタ」を見いだすことが、理論武装ということです。そこで今後、もうこの事柄に悩み考える必要がなくなるのです。

ひとつ別の例を紹介しましょう。「なぜ、三角定規には穴があるのですか?」という質問です。これも答えようと思えば、答えはたくさんあります。「指を入れて回しやすい」「どこかに掛けておける」などの答えが考えられますが、実は正解は違います。「三角定規の穴は空気を抜く」ためにあるのです。上から押さえるときに穴がないと空気が抜けずにうまく押さえられないのです。

次にとっておきの例を紹介しましょう。私は、家に帰ったとき、玄関で靴をそろえてから上にあがるようにしています。もちろん、つま先は外方向に向けてそろえるわけです。その理由は、「上品だから」「マナーだから」ではありません。また、「明日、靴を履きやすい」だけでは理論武装になりません。なぜなら、そのまま家にあがれば「今、靴は脱ぎやすい」からです。手間を考えれば同じです。靴を脱ぐ際に面倒なことをしているのですから、「後で靴を履きやすい」で、手間を考えれば変わりありません。それでは理論武装にはなりません。

だから、皆さん「靴をそろえる」ことをしません。でも、違う視点から見て、理にかなった意味づけをしてみるのです。想像してみてください。あなたが家に帰ってきて、靴を脱いだあと靴を持ってそろえます。そのとき、外のほうに向かって頭を下げる姿勢になりますが、そのとき凄いことが起きるのです。頭を下げたとき、今日、出会った人に「ありがとうございます、今日の出会いがもっと広がりますように」と心を落ち着かせる。「今日、生きて帰れたことに感謝する」と思えば、あなたの人生は大きく変わります。「帰れる家があることに感謝」「家族がいることに感謝」「今日の出会いに感謝」というふうにすればよいのです。何もなければ「靴に感謝」してもよいのです。

これも良い仕事を体得するという一種の理論武装のたとえです。これを一ヶ月も続ければ当たり前になって良い習慣になります。当たり前の仕事になります。良い習慣や仕事を身につけたいなら理論武装して自分を律し実行しましょう。私はこれを「当たり前のレベルアップ」と呼んでいます。良いことだけども、「邪魔くさい」と思ってしなくなるかもしれない。そうならないように、家族や身近な人に宣言するとよいでしょう。もしくは一緒にやることです。そうすれば、**「当たり前のレベルアップ」**が可能になります。ひとつひとつ良いことを理論武装して、自分のものにしていく。行動パターンや物事を分析し体得するスピード、そして人間性のレベルアップをしていって欲しいのです。

バルセロナオリンピックで銀メダルを獲得したマラソンの有森裕子選手の自己ベストは、二時間二十六分三十九秒。この記録はもちろん素晴らしい記録なのですが、陸上選手経験のない私には実感のわかない数字です。私のラジオ番組のゲストでお会いして、その記録のことをお聞きすると、有森さんは、即座に「だいたい、百メートルを十八秒ぐらいで走っています」と答えてくれました。その瞬間私は目からうろこが落ちました。マラソンで走る四二・一九五キロメートルという長い距離を、百メートル約十八秒のペースで走りきることをイメージしてください。このスピードは普通の人だったら、百メートルだけでも走れない数字です。マラソンのテレビ放送を見ていると自転車で追いかけている人がいますが、すぐにフレームアウトか、もしくは、後方に消えてしまいます。百メートル約十八秒というのは、自転車でさえ追いつけないほど速いスピードなのです。「百メートル約十八秒」という数字によって、マラソンという競技の凄さに「理論武装」をかけてもらったことになります。この数字があれば、マラソンの凄さを伝えやすい。実は、このような「理論武装」によって、強い『やる気』を伝えることができるのです。

理論武装した教育をする

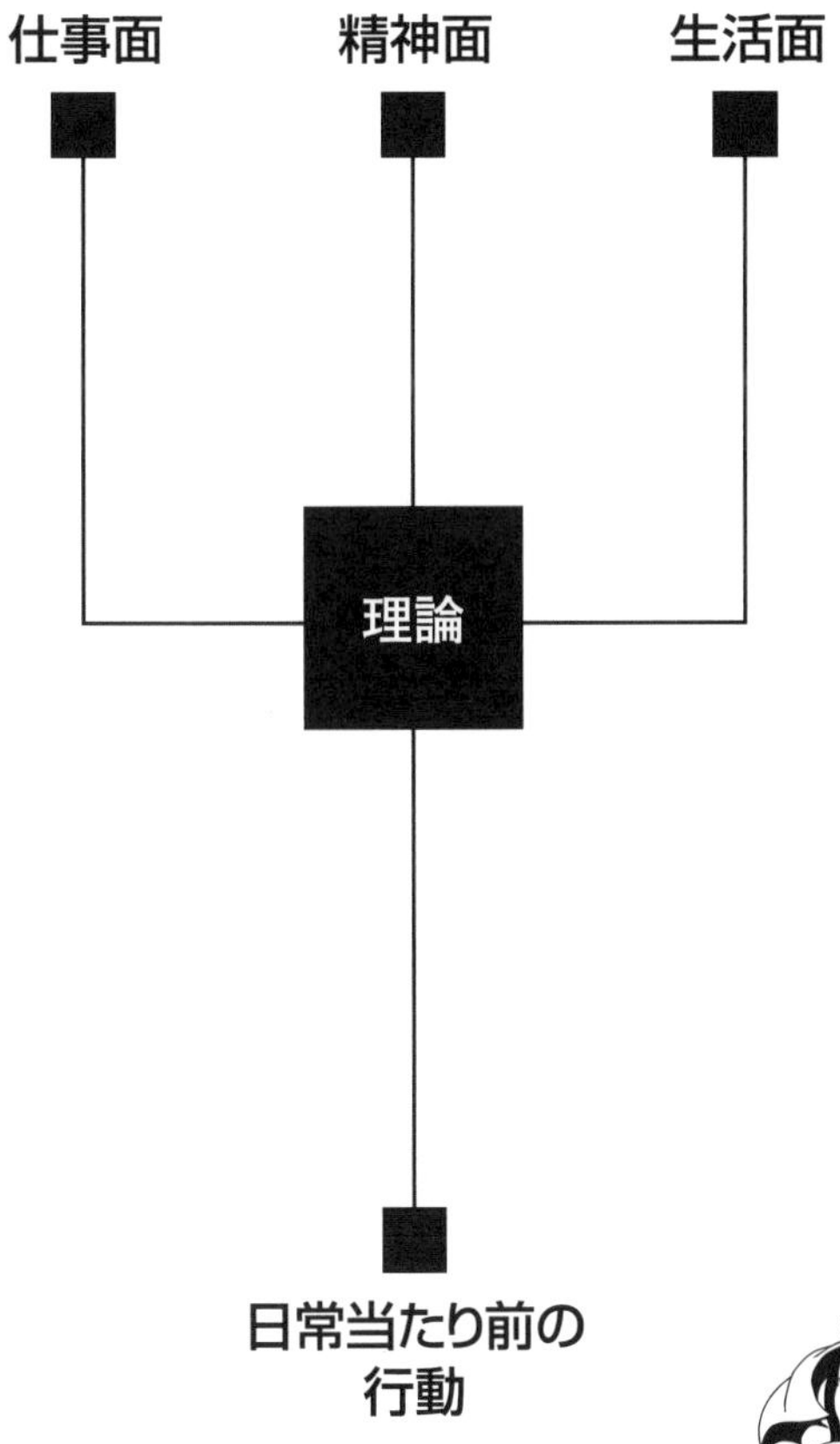

# 自分だけの素晴らしいソフトウェアをアップデートする

馬、牛、羊、鹿などひづめのある動物は、生まれるとすぐに立って歩き始めます。これらの動物は、ライオンや虎に襲われる危険に絶えずさらされていますから、早く自分で立って歩かないと逃げることができません。人間の場合は、自分で立って歩くまでに一年近くかかりますし、三才ぐらいまでは、自分自身で食べ物を見つけることができないので、一人で生きていけないでしょう。人間は、成熟しないまま生まれてくる動物なのです。

例えば、海亀は生まれたときから、生きるためのソフトウェアがインストールされています。海亀たちは砂浜で卵からふ化した途端、海に向かって一目散に駆けていきます。テレビ番組などで海亀の子供たちが海に向かっていくというかわいい姿を見た方も多いでしょう。あの海亀の子供たちの多くは、小さなうちに命を失いますが、およそ百匹のうちの一匹が約二十五年ぶりに同じ砂浜に帰ってきます。そして、また新しい命を生むのです。海亀は羅針盤も海図も持っていませんが、同じ砂浜にもどってきます。海亀は人間が想像もできないような能力を使って、同じ砂浜に戻ってくるのです。砂浜がある海岸の香りをかぎ分けるのではないか、とも言われていますが、人間には到底マネのできないナビゲーション能力です。海亀は生まれながらに、人間から見ると信じられない能力を持っているのです。コンピュータになぞらえれば、ハードウェアとソフトウェアが生まれたときから入っているのです。つまり、親や周りから学ばなくとも、自然と出来てしまえるのです。

海亀とは違い、人間はハードウェアとソフトウェアが別々になっています。人間が持つハードウェアは素晴らしいものですが、最初はあまりソフトウェアが入っていません。人間の体は、約六十兆個の細胞からなっており、約四百億個の脳細胞で情報処理をします。ですが、最初は生きるだけの基本的情報しか入っていません。コンピュータで言えば、ソフトウェアを動かすための基本ソフトウェアであるオペレーティング・システム（ＯＳ）が入っているだけです。ですから、生活するため、社会で生きるために必要なソフトウェアは、後から入れなければなりません。もっと言えば、人間にとってのソフトウェアこそがあなたが成りたい姿や状態、人生設計のための重要なツールなのです。資格、学習、趣味、職種もですが、さらにビジネスマンシップやコミュニケーション能力などがコア・コンテンツです。その点が動物たちと大きく違う点です。他の動物は、ハードウェアとソフトウェアが最初から入っていますが、人間はソフトウェアを自ら選択しインストールし、グレードアップデートしていく必要があるのです。

そのことは、狼少女アマラとカマラのケースを見ればあきらかでしょう。1920年頃、インドのカルカッタ地方の森の中で発見されたとき、アマラが八才、カマラが一才半でした。狼に育てられた二人の少女は言葉も話せず、まさに狼同然の姿でした。二人は女性にも関わらず、濃い体毛まで生えていたのです。四つんばいで走り、生肉を食い、遠吠えもしたそうです。保護されてからは、人間として生活するための教育が熱心に行われましたが、普通の暮らしをするまでにはいたらず、二人とも早くに亡くなりました。結局は狼のように死んでいったのです。

狼少女の例は、狼として生きるためのソフトウェアが入ってしまった例ですが、その逆に成功する人間としてのソフトウェアが入れば、人間は素晴らしい能力を発揮するのです。

歴史に名前を残した偉人たちが、その模範を示しています。坂本龍馬も、その一例ですし、有名スポーツ選手もそうでしょう。素晴らしいソフトウェアを自分の中に取り組む努力をつづければ、必ず、それは実を結びます。そのためには早めに自分だけのオリジナルのソフトウェアを見つけて、インストールし続けて強い『やる気』を持ちつづけることです。

## 自分が持つ潜在能力の驚くべき力を信じる

頭の中にイメージを描き、それができると信じることで、人は驚くべき力を発揮します。ある日、突然、思ってもいなかった形で、人は自分の潜在能力を発見するのです。

一例として、大阪の団地に住む親子に起きた出来事を紹介しましょう。母親は、その日、いつものように買い物帰りに五階にある自分の部屋を見上げると、まさにベランダから三才の自分の子供が落ちるところだったのです。それを見た母親は、子供を救おうと必死に走りました。相当な距離はあったのですが、自分の子供を救おうとした母親は、落ちてくる子供を腕にしっかりと抱きとめました。五階から落ちた子供は、けがをすることもなく、無事、母親の胸に抱かれたのです。

テレビ番組の企画で、体育大学の陸上部が後ほど母親が走った距離を走り、時間を検証したところ全ての選手が物体が五階から落ちてくる時間内には到達できませんでした。つまりこれは、普通の母親の走力では間に合わないはずであることがわかりました。でも実際、母親は驚くべき潜在能力を発揮して世界レベルの陸上選手に近いスピードで走って助けたのです。人間の筋肉は、ある程度の負荷がかかると必要以上の力がでないように自動的にストッパーがかかるそうです。自分の体が壊れないように、脳が自動的にストップをかけるので、「脳内ストッパー」という呼び方をします。子供を救った母親のケースでは、安全弁である脳内ストッパーがはずれ、最大限の力を発揮したわけです。自分が愛する大切な命を救うために、自分の体が壊れてもかまわない、と無意識に判断した結果、子供を救うことができたのです。

実は母親が走ったスピードも凄いのですが、抱きとめた力も凄かったのです。体重が十キログラムの子供が五階から落ちると、重力加速度がありますから、地面に近いところでは約百八十キログラム位の重力がかかる計算になります。重量級の関取を受けとめると同じです。普通なら、母親の腕は折れていたかもしれませんが二人とも無傷でした。走ったスピード、抱きとめる力という二つの奇跡があって、母親は子供を救ったのです。

人間は、いざというときに不思議な力を発揮することができます。交通事故で体を吹き飛ばされた瞬間、見ている風景はスローモーションになるといいます。地面に落ちる際の衝撃を最小限におさえるために、脳が緊急体制に入り、スローモーションで見られるようにしたのです。落下する場所を見きわめて、受け身をとるために、周囲の状況を把握するのです。スローモーションになりながら、見ている風景はモノクロになります。スローモーションで周囲を確認するために、カラー情報の処理を省いて、モノクロだけの処理をしたのです。これも人間が肉体的に持つ潜在能力の一例です。いざとなれば、「生きる」という目標達成のために重要な情報だけを取り込むことができるのです。

これらの人間が持つ潜在能力は、脳が緊急事態であると判断した結果、発揮されます。人間はある状況になれば、驚くべき力を出すわけですが、それは緊急を要するときだけではありません。あなたが素晴らしい夢を持てば、それが強い『やる気』となり、信じられないような潜在能力が現れるのです。子供を救った母親のように肉体的な潜在能力を発揮する場合もありますが、「事業を興す」「仕事を成功させる」という能力においても、自分が今まで出したことのない力が人間には備わっているのです。母親が自分の子供を救えたのは、「命に代えても助けたい」と強く願って、抱きとめたイメージを明確にしたからでしょう。その力を発揮できるかどうかは、持っている『やる気』にかかっているのです。ベンチャー企業においても命がけの目標を設定すれば、驚くべき成果を勝ち取ることができます。

これは潜在能力ですから隠れている訳です。その隠れている能力を引っ張り出した人が成功を手にし、その夢を現実化させるのかもしれません。**自分の可能性を信じて言い訳をしない、そして他人と比べない。**そんな勇気から潜在能力の顕在化は生まれます。そのためには日々、積極的に行動し、肯定的に物事を考え、最終的には出来ているのだという可能性を信じることから始まります。

## 強い『やる気』

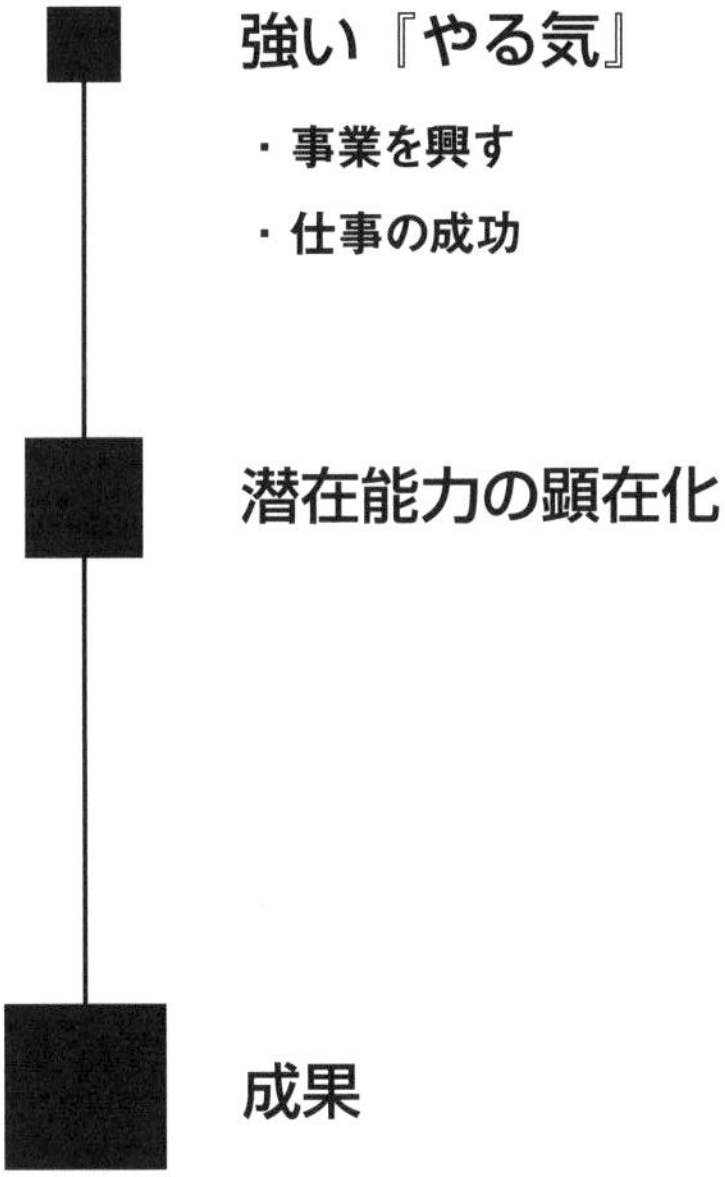
強い『やる気』
・事業を興す
・仕事の成功
潜在能力の顕在化
成果

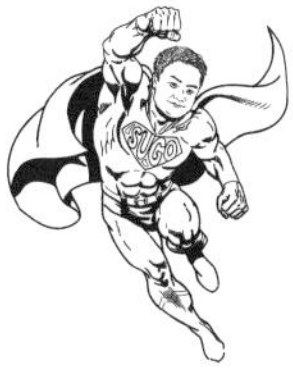
SUGO

## ベンチャー起業家は坂本龍馬に触発される

ベンチャー起業家の多くが、尊敬する人物として坂本龍馬の名前をあげています。坂本龍馬の生き方が、多くのベンチャー起業家の心の支えとなっているのです。とくに私は高知県生まれですから、坂本龍馬を故郷の英雄として崇め、敬愛しています。大学に入学したときには京都の東山霊山の坂本龍馬の墓に酒を供えて手を合わせて、坂本龍馬のように社会に貢献できる人間になることを誓い、祈りました。

多くのベンチャー起業家は、青春時代に司馬遼太郎の長編小説『竜馬がゆく』を読んでいます。坂本龍馬は、明治維新という世界史にも例がない革命に大きな役割を果たし、日本の歴史に大きな足跡を残しました。その自由闊達な生き方に、ベンチャー起業家たちは自分の生き方を重ねています。土佐の田舎の郷士でありながら脱藩し、亀山社中という日本初の株式会社を設立したことも、ベンチャー起業家たちと重なる部分です。

驚くべきことに、ベンチャー起業家の息子さんには「竜馬・龍馬」という名前が多いのです。龍馬のような社員が欲しいという社長も多くいます。なぜ、ベンチャー起業家は、龍馬好きなのでしょうか。たしかに龍馬は魅力満載の人物に違いないのですが、ベンチャー起業家が敬愛を寄せる理由はそれだけではありません。龍馬とベンチャー企業には多くの共通点があるからです。

私は、高知県人会に招かれて、**『龍馬とベンチャー革命』**という題目で講演したことがあります。そのとき、**「ＩＴ革命の創始者が龍馬だ」**と話しました。ＩＴ革命のＩＴは「インフォメーションテクノロジー（情報技術）」…つまり「情け」に「報いる」ということ。龍馬は、このＩＴの本来の意味を実践した男だったと私は考えます。龍馬は、志半ばで倒れた志士たちの「夢」や「信念」を胸にしまい、その激情、純情という「情」に報いるために、日本中を駆けめぐったのです。それはベンチャー起業家がしていることと同じです。ベンチャー起業家が、これまでの業界の枠組みを打ち破り、その夢や信念を打ち出して、新たな事業を推進しています。起業家の姿と、明治維新に突き進んだ龍馬の姿は重なるのです。

明治維新では、志半ばで死地に旅立った志士は数限りなくいます。有名なところでは武市半平太、吉田松陰などの志士たちです。とくに龍馬の幼少時からの友人であった土佐藩の志士たちの多くは、報われることなく死んでいきました。彼らの願いが龍馬の意志となり、龍馬を休むことなく将来の日本のために働かせたのです。龍馬の『やる気』は、「日本を救う」という志士たちの意志を代表するものです。その『やる気』は、ライフワークというレベルではなく、「使命」というところまで到達しています。龍馬はお姉さんにあてた手紙に「今一度、日本を洗濯致し候」（日本を洗濯したい）と書きました。ベンチャー起業家も、そのような想いなのでしょう。

そこには我欲というものがありません。日本のため、人々のためという私利私欲の無い姿があります。その真摯な姿勢が、多くの人々が龍馬に憧れる理由でしょう。今、ベンチャー起業家は、ＩＴ化、グローバル化、構造改革など大きな変革の波の中を乗り切らなければなりません。凡庸な『やる気』では、あっという間に波に巻き込まれてしまいます。**自分の『やる気』を使命感まで高める**必要性をベンチャー起業家は感じているのでしょう。

龍馬の最大の魅力は、多くの人物との出会いを積極的に創り、新しい価値観を学んで、自分なりの世界観を確立していったところだと、私は思います。これはすべてのベンチャー起業家に通じることだと思います。

**「この仕事は、私がやらねばだれがやるんだ」**

という「使命」にまで高めることが、人間としての理想だと私は考えます。「命」を「使いきる」と書く『使命』という言葉を、龍馬や多くの幕末の志士たちは百年以上たった今でもベンチャー起業家に投げかけているのです。

## 菅田将暉の作文に学ぶ明確な夢や目標の大切さ

成功者たちはどのように強い『やる気』を獲得したのでしょうか。

私の息子で俳優の菅田将暉は小学六年生の時に「三十歳のわたし」という題目の卒業作文で、「ぼくは、今いろいろな番組やドラマに出て活躍しています」と書いています。私に似たのでしょうか、タレントになることが夢のようでした。息子の同級生の中には、「ぼくは、自分で会社を興して釣りで使うウキを作っている」という子供もいれば、「ぼくは、今、『笑っていいとも！』のスタジオに向かっています、今日はテレフォンショッキングに出ま～す」という子供もいました。このような子供の頃の夢の作文がやはり潜在意識となり、その人の人生を大きく左右することになります。

息子の夢は三十歳どころか十六歳で花開き、俳優・菅田将暉としてデビューを果たしました。

夢や目標を持っていたからこそのデビューだったと思っています。目標は明確になれば、その目標の方から自分に飛び込んでくるものです。夢や目標が、明確であればあるほど、その想いの強さも深まっていき、チャンスの幅も広がっていくのだと確信しています。

俳優、菅田将暉の二〇一七年は、『キセキ―あの日のソビト―』『帝一の國』『あゝ、荒野』『火花』の四つの映画で主演を演じ、主演男優賞をはじめ数々の賞を受賞しました。

実はこの現在の活躍を予感させるような出来事があったことを今でもはっきりと覚えています。

息子が卒業作文を書いた一か月後のことです。私は妻と一緒に福山雅治さんのライブに行く予定にしていました。二人とも久しぶりのデートを楽しみにしていたのですが、私に急な仕事が入ってしまいチケットを息子に譲ることになりました。「お父さんは行けなくなってしまったから、お母さんと行っておいで」と伝えました。息子は私の代わりに母親と大阪城ホールへと出かけていきました。帰ってきて、ライブはどうだったかと息子に尋ねると、「福山さん、すごく気持ちよさそうだった」と答えたのです。普通の子供なら、「カッコよかった」とか「素敵な歌声だった」とか「感動した」とか、生のステージを観て自分がどう感じたかを話すと思います。私はこの何気ない言葉が気になりました。

息子は、福山雅治さん側の目線でライブを見渡していたようなのです。「息子は将来ステージに立つ仕事につくのではないか」ふとそういう思いが私の頭をよぎりました。中学に入学して間もなくの息子は、この年齢にしてすでに一般のファンの目線ではなく、演者側の目線でステージを観ていたことにとても驚きました。

私は息子が華やかな舞台で行われている出来事を、自分事のように感じるその力を育ててあげようと思いました。どっちに進んで歩けばいいのかわかるまでは私が引導し、それまでは、この先、自分で決断できる判断力を身に付ける練習をさせ、自分で歩けるようになったら、最後は自分で決断できる自立心を育てていったのです。

目の前にあることを決断できる練習として、論理的に物事を考える方法を教えていきました。将来のため、信念を貫くためには、理論武装も絶対に必要だからです。

その甲斐あってか、息子は弟が小学校高学年の頃に、「勉強ってしんどいな。どうして勉強しなくちゃいけないのかな」と言う弟に対し、長兄の息子が出した答えは、「将来の選択肢を増やすためや」そう、ハッキリと答えていました。将来の選択肢。それは職業だったり、収入だったり、結婚だったりいろいろなことを端的に伝えています。テストで良い点を取るためだとか、受験のためだとかいうありきたりな答えではなく、自分の将来のためなのだと息子が気づいてくれている。そして何よりも、いつの間にか理解しあえる兄弟関係を築いているということに、私は彼らに見えないところでガッツポーズをしました。

息子は、まだ中学校三年生でしたが、自分の将来を論理的に考えられる子に成長してくれました。

私は親として何事にも押し付けたり、決めつけたりせず、子供達が悩んだ時には、忙しくても一緒に考えてあげるようにしていました。時間を共有できる場所や時間、空気を作ってあげることがやはり大事だと思います。

今でも息子たちは何かあればすぐに私に相談してくれるそんな信頼関係が続いていま
す。上から説き伏せるのではなく、引っ張り出してあげることが「教育」です。「教育」
の「エデュケーション」とは本来「引っ張り出す」という意味なのです。

また、我が家では、「お風呂ミーティング」というものがあります。コミュニケーショ
ンはすごく大切で自己信念の鍛錬にもなります。これを継続して行っていけば、ぼやけた
焦点もバッチリ合ってきて、ブレない、ズレない信念が生まれます。我が家では家族のコ
ミュニケーションの場として、お風呂は格好の場所になっていますが、「裸の付き合い」
とはよく言ったもので、本音が出るし、素の顔が見えるから、地位肩書きに関係なく、い
ち人間としての話しができるのだと思います。「お風呂ミーティング」オススメです。

## 大谷翔平選手から学ぶ目標の立て方

北海道日本ハムファイターズのエース、そしてバッターの二刀流として活躍し、二〇一

七年には、アメリカ大リーグ、ロサンゼルス・エンゼルスへの移籍を表明。今後、さらなる活躍が期待されているのが、プロ野球の大谷翔平選手です。

大谷選手は、小学校三年生の頃から野球を始め、小学校五年生で百十キロの球速を記録するなど、早くからその素質の高さを見せていました。高校三年生の夏には、プロの投手でもなかなか出すことのできない、日本のアマチュア野球史上初の快挙である球速百六十キロをマーク。さらに打者としても、打撃センスがずば抜けて優れていました。

大谷選手が、類まれな才能を開花させたのは、野球の知識や技術だけではなく、夢や目標を達成するために書いていた「目標達成シート」に答えがありました。「目標達成シート」とは、大谷選手が高校時代の監督に教わって高校一年生の時から作っていた夢を叶えるためのシートです。大谷選手は、一枚の紙に網目状に目標を書き込み、独自の目標設定プランを立てていたといいます。

私がこの「目標達成シート」を見て凄いと思ったのは、私がいつも目標設定をするときに軸として考える「数値化」「方向性」「魅力化」の三つのキーワードに則って目標を立てられている点です。

①「数値化」

数値化とは具体的に期日や頻度などを具体化することです。例えば、「この一年間にホームランを三十本打つ」「この一か月で盗塁を十回決める」というように数値化して目標を定めます。

②「方向性」

方向性とは、長期（望遠鏡）、中期（双眼鏡）、短期（顕微鏡）の目標を決めて、方向が狂わないように定めることです。長期は望遠鏡で眺めるように「遠くの目標」を決め、中期は双眼鏡で「中間の目標」を、短期は顕微鏡で「近くの目標」を決めていきます。

長期、中期、短期の目標を決めることで、ブレがちな目標の方向性の全体がわかりやすくなり、きっちりとその方向に向かって歩いているのかを確認する時にも役立ちます。

この長期、中期、短期の目標は、高く設定することに越したことはありませんが、方向性は掛け算（長期×中期×短期=方向性）なので、どれかひとつでも目標に達していない場合、方向性の達成度はゼロになりますので注意が必要です。目標は低すぎず、でも実現性の高いプランを立て、取り組んでいきましょう。

③「魅力化」

魅力化とは、目標へのやる気を失わないように、飴《アメ》と鞭《ムチ》の「アメ」を集めていくことです。人間は弱いもので目標を掲げても、何かの拍子に諦めてしまいがちです。目標を達成すると、「どういう自分になれるのか」「どういう報酬が得られるのか」「次のステップにどう行けるのか」常にブラッシュアップしていくことで、目標が具体的になっていきます。

例えば、「十キロのダイエットをする」という目標なら、目標を達成すると、「かわいい服が着れる」「モテるようになる」「自信が出てくる」というようにです。

大谷選手の「目標達成シート」は、「数値化」「方向性」「魅力化」の三つの観点から見ても、しっかりと目標が立てられていることがわかります。

大谷選手のように目標を立てることがベストですが、具体的な目標がわからない、目標の立て方が難しいという人は、「人生を充実させる六分野」に則って考えると良いでしょう。

「人生を充実させる六分野」とは、人生を「仕事（経済）」「家族」「趣味（精神面）」「学習（教養）」「健康」「人間関係（社会性）」の六つの分野にわけ、それぞれがバランス良く充実すれば、人生も充実するという基本原則の考え方です。

例えば「仕事（経済）」なら、「仕事面ではどうなりたいのか」「その目標に達するためにはどうすればいいのか」「続けるにはどうすればいいのか」というように考えていきます。

この「人生を充実させる六分野」がしっかりイメージできている人は、人格もしっかりと形成され、人生観も確立している人が多いため、多くの人たちに魅力的な印象を与えます。

こうした充実した人たちに顕著に現れるのは、「優れたコメント力」です。大谷選手をはじめ、夢や目標を達成してきた人たちは、年齢が若くても、どこで身に付けたのかと驚くほどのしっかりとしたコメントをします。それはどうしてなのでしょうか。この「コメント力」については、後ほど別の項で詳述したいと思います。

さて、目標を立てる時のもうひとつのアドバイスとして提案したいのは、「シンボリック・パーソン」を作ることです。「シンボリック・パーソン」とは、「目標としたい人物」のことです。

例えば、将来、ラーメン店のオーナーになりたいなら、ラーメン界で有名な経営者を目標にしても良いでしょう。モデルのようになりたいなら、自分がなりたいと思うモデルを探してみるのもいいかも知れません。自分が目標とする人物を探し、「この人だ！」と決めることをオススメします。

一九八六年に公開されたスティーヴン・キング原作の映画「スタンド・バイ・ミー」をご存知でしょうか。オレゴン州にある小さな町キャッスルロックに住む四人の少年たちが死体探しの旅に出て、様々な経験を通して、だんだんと大人へと近づいていく作品です。まじめで内向的な性格のゴーディ少年は、家庭環境が複雑で少し悪ぶっているが友達思いの親友クリス（リバー・フェニックス）に、どこか憧れを持っています。

ゴーディの「シンボリック・パーソン」はこのクリスで、一緒に行動していく中で、自分とは異なる勇敢なクリスの正義感や行動力に触れて、弱々しかったゴーディは物語の終盤、大胆な行動をとってみせるのです。（詳細は是非、映画をご覧ください）

自分が目標としたい人物に憧れて真似ることで人は成長していきます。「シンボリック・パーソン」が出来れば、自分の目標が可視化され、よく見えるようになり、「目標設定（「数値化」「方向性」「魅力化」）」もしやすくなるはずです。ケーススタディから学ぶことはとても大切なので、皆さんも「シンボリック・パーソン」を見つけて、「目標設定」をしていきましょう。

## 松山英樹選手に学ぶ夢中になる経験の大切さ

二〇一七年には、男子ゴルフの世界ランキングで日本人最高位の二位になるなど、今や世界を代表するプロゴルファー、松山英樹選手。この年、アメリカのトランプ大統領が来日した際に、トランプ大統領のリクエストで安倍晋三首相とともにゴルフのラウンドをしたのも彼でした。

松山選手の偉大な記録と現在の活躍は、自分が立てた目標をひとつひとつ着実にこなし、階段を堅実に上っていった彼のひたむきな努力にありました。

松山選手の活躍の鍵は、幼少期にあります。松山選手がゴルフを始めたのは四歳の時。父親の影響でゴルフを始め、幼いころから父親に手を引かれ練習場に通っていたそうです。ゴルフを始めて間もない頃から一日千三百球も打っていたそうで、父親よりも多くボールを打ったことがわかると誇らしげな顔を見せたと言います。当時は、覚えたてのゴルフが楽しくて楽しくてしょうがなかったのでしょう。でも、それが、知らず知らずのうちに、ゴルファーとしての基礎になっていたのです。

松山選手は「練習の虫」で、毎日、飽きることなく練習に明け暮れていたそうです。それは、試合よりも練習が好きといってもいいほどで、試合に出るのは、自分のダメなところを探すためで、練習のための課題を持ち帰るために、試合に出ているようにも見えたのでした。松山選手は、目の前にある課題に一生懸命に取り組み、これをクリアしなければ次のステップには進めないと理解していました。練習することの大切さを誰よりも知っていたのです。

ひとつのことに取り組んだ時間と熱意は決して裏切りません。その練習量も多ければ多いほど、体に染みついていくものなのです。松山選手のように、子供の頃、ひとつのことに熱中することは、才能が開花する前の準備体操でもあります。将来、何をするにしても、その夢中になった経験や習慣は、その人の財産になります。例えば、サッカーの練習に夢中になっていた小学生が、中学生になって野球を始めたとしても、サッカーの練習で身に付けたバランス感覚や走り、練習の習慣など、その根幹にあるものはどのスポーツでも同じです。

もしお子さんが何かに夢中になった時には、むやみに止めたりせずに、どうか見守ってあげてください。それはその子の将来に役立つ大切なタネなのです。

少し話は変わりますが、ゴルフといえば、実は私も数年前から夢中になっています。ゴルフを始めてみて思ったことは実に学ぶことが多いということです。私の周りの経営者の多くも、会社が安定した頃の四十歳過ぎてからゴルフを始めた方が多いのですが、彼らはすぐに上達します。

それはなぜなのかと私なりに分析してみました。ゴルフが上達するには二つの要素があって、ひとつは「経営がうまいこと」、もうひとつは「プライドがあること」です。

優秀な経営者は、二度と失敗は出来ないという思いが強く、リスクのあることは避ける傾向があります。ゴルフでもそのプレイを見ていると、優秀な経営者は、ゴルフ用語でいう「レイアップ」、つまり無理な谷越え山越え池越えはしないで、大きなリスクを避け、きっちり順を追って、着実にグリーンを捉えて刻んで打っていき、カップを狙うことが多いのです。

そしてもうひとつ、優秀な経営者には真摯なプライドを持った人物が多い気がします。こうしたプライドのある人は、すぐに上達したいという思いが強く、練習方法もどうすればよいのかよく考え、上達するための努力を惜しみません。練習時間も忙しいスケジュールの中にキチンと組み込みます。そして、ただうまくなりたいのではなく、きれいなフォームを身に付けてうまくなりたいのです。フォームなんて関係なく、ただ勝てればいいというゴルフをする経営者は、仕事でも手段を選ばず、汚いことでも平気で行ってしまうように思います。

私もゴルフは大好きでよくします。ゴルフは、ひとつひとつ着実にこなしていく積み重ねのスポーツで、ゴルフのプレイには人格が表れるとよく言われます。経営者の経営能力を表すゴルフは、まさに人生の縮図なのです。

## プロ棋士・藤井聡太の文集から読み解く幼少期からの明確な目標

史上最年少十四歳二か月で将棋のプロとなった藤井聡太くんは、おばあさんの勧めで五歳から将棋を始め、二〇一二年に杉本昌隆七段に弟子入りし、プロ棋士養成機関の奨励会に入会しました。藤井くんの家族は、住宅総合メーカーに勤務する父親と専業主婦の母親、兄弟は四歳年上のお兄さんがいます。もともとはおばあさんが勧めてくれた公文式の「スタディ将棋」（練習用将棋）から始めて、すぐに夢中になり、地元の将棋教室には小学校一年生から通いはじめ、二年生まで通ったそうです。小学校一年生の時には、「詰将棋解答選手権」でプロ棋士でも難しいと言われる難問を、九十分の制限時間を半分以上残して全問正解するという非凡な才能を発揮しています。

小学校四年生の時に奨励会に合格し、この頃に書いた小学校の文集に書かれていたのは、「将来の夢『名人をこす』」というものでした。多くの成功者にも言えることですが、やはり藤井くんも幼いころから明確な目標を持っていて、早いうちから意識していたからこその今があるのだと思います。

文集には、「最近読んで面白かった本ベスト3」が書かれていて、1位が百田尚樹の「海賊と呼ばれた男」、2位が沢木耕太郎の「深夜特急」、3位が椎名誠の「アド・バード」で、どの本も小四離れしたものばかりでした。本を読むことは好きだったようで、分厚い本でも面白いと思ったらすぐに読み終えてしまい、小学校六年生の時には、私が高校一年の時に読んだ司馬遼太郎の「竜馬がゆく」（全八巻）を全巻読破していたといいます。テレビには興味がなかったようで、家でテレビ番組を見ることはほとんどなく、コメディアンの志村けんさんも知らなかったそうです。

藤井くんは、奨励会に入る前から地元の将棋ファンの間では有名な存在で、その師匠である杉本昌隆七段は、「将棋の世界では、師匠が弟子にならないかと誘うことはありませんが、彼のことは前から知っていて弟子にしてみたかった」と後に語っています。

藤井くんがここまで強くなった理由は、「超が付くほどの負けず嫌い」だったことにあります。小さいころは負けると大泣きして悔しがったこともあったそうですが、もう負けたくないという強い気持ちが、彼をさらに将棋の世界にのめり込ませ、さらなる精進を続けていったのだと思います。そしてもうひとつ、藤井くんの「超が付くほどの集中力」に、圧倒的な強さの秘密がありました。どんな局面でも冷静に集中して考える力が、数多くの対局で勝利を引き寄せたのだと思います。

実は同じく、小学校四年生の時に作文を残した成功者がいます。ソチ五輪に続き平昌五輪でも金メダルを取り、六十六年ぶりの連覇となった、フィギュアスケートの羽生結弦選手です。東日本大震災と怪我を乗り越えての偉業は立派なものでした。

小学校四年生の時、フィギュアスケートの演技を終え、最後のポーズを決めた瞬間、大勢の拍手をもらい、その達成感を心に刻み込んだらしいのです。その時の心情を作文に残していました。

文章の中では、

「『観客に感謝したい』と初めて思いました」

「僕はこの大会で『観客に感謝したい』という気持ちを学びました」

と、表現されています。

彼の『やる気』を持ち続けるきっかけとなった原点は、きっとこの時だったのではないでしょうか。オリンピックで観客の声援に応える彼の姿を見ると、そう思わずにはいられません。

自己診断

## あなたの「夢」を書くことから始めよう

私はベンチャー企業の新人研修でも『やる気』の重要さを理論的に繰り返し話します。

その際、全員に自分自身の「夢」を書いてもらうことがあります。自分の夢を文字にすることは、あまりない経験ですので、最初は多くの方がとまどいます。ですが、最終的に書き上げたとき、そこには違う自分がいることがわかります。文字にして書くことで、自分の『やる気』を確認することができ、自分の立ち位置や価値観がわかるからです。もちろん、何の制約もなく自分で書ければ、それに越したことはありません。

研修では時間も限られており、なかなか夢を書くことができない人もいますので、私はサンプルを用意しています。このサンプルに従って自分の夢を書くと、思ってもいなかったことを発見することができるはずです。書くのが面倒くさい人は、自分で頭の中で当てはめてみるだけでも自分の考えることが明確になります。ぜひ、試してみてください。

## 「夢」という作文のサンプル

以下の文例を参考に「夢」というタイトルの作文を書いてください。文例はあくまでも参考ですので、書きやすいように変更してもかまいません。原稿用紙に横書きで六百字程度にまとめてください。

「夢」

名前

私の夢は、一流の○○○○になることです。そのためには、まず一年後、○○○○として活躍しなければなりません。活躍できるようになるには、○○○○を身につけることが必要です。私は学生時代から○○○○が得意です。また、性格的には○○○○という長所を持っています。これらを活かして、これから○○○○を身につけるよう徹底的に努力します。

そのため明日から毎日、仕事の中で、次のことを実行します。

一・

二.

三.

　これらのことを着実に実行し、真剣に努力するのですから、必ず一流の○○○○になれると思います。そして、一年後、○○○○ができるようになったら、次の目標として、○○○○を目指したいと思います。○才になるころには、○○○○になっていることが夢です。その頃には年収○○○○万円が目標です。私が自信があるのは○○○○です。

　そして、私が一流の○○○○になって仕事で活躍できるようになったら、お世話になった人に、○○○○するのも夢のひとつです。とにかく一番大きな夢は、一流の○○○○になることです。

# サクセスファイターの自分チェック

私の番組「菅生新のサクセスファイター」では、事前に出演するゲストの方に十個の質問をもって打ち合わせをしていました。本番の何日か前に「打ち合わせ用参照レジュメシート」と題してお渡ししてきました。この質問をもとにして番組でのトークを繰り広げるわけですが、この十個の質問から、人となりや事業家としての思い、そして人生観を浮き彫りにすることができます。たかが十問ですが、長年番組で使ってきてシステム化され、データベース化が私の頭の中でされている大変練られた質問になっていると自負していますす。ゲストの方の大半が「このシートの作成が自分を見つめなおすいい機会になりました。」とおっしゃいます。よく例えで「魚は水が見えなくて人間は自分が見えない」といいますが、事業家のように日々頑張って走っている人ほど時間をかけて自分自身をいろいろな角度から分析し客観視する事が大切なのでしょう。

あなたも自分が今、ゲスト出演者だと思ってこの十個の質問に答えてみて下さい。それぞれの質問に即座に答えることで、あなたの原点がくっきり見えてくると思います。あなたが大切にしていることを、幾つかのキーワードにまとめることができるでしょう。それらを総合すれば、これからのあなたがすべきことがもっと明確に見えるのではないでしょうか。さあ、ゲスト出演の本番だと想定してキャスターの自分自身に答えてみましょう。

## サクセスファイター　十の質問

一　自己紹介一分間スピーチ（仕事の業種、内容、職歴、学歴、出身地など）
二　現在の仕事を起業しようと決意された（始めた）きっかけは？
三　幼い頃の夢は？（小学生時期・何故）
四　ご両親や環境の影響は？（家業、父母の教え等）
五　影響を受けた友人、先輩、著名人は？（もしくは書籍など）
六　今までに転機となった出来事は？（失敗、苦労、気付きなど）

七　自身のモチベーション（動機付け）の原点は？（心・報酬・恐怖などから）
八　現在の仕事で世の中に伝えたい（訴えたい・広めたい）ことは？
九　成功というものをどうとらえますか？（価値観・イメージなど）
十　これからの夢は？（個人面・仕事面・家庭面など）

## 成功する人はなぜ秀でたコメントが出来るのか

先日、ニュース番組を見ていて思ったのですが、将棋の羽生善治竜王との公式戦初対戦で勝利した藤井聡太くんのコメントはとても素晴らしいものでした。先輩をリスペクトしながらも謙虚にその嬉しさを表現していたからです。中学生にして、どうしてあのようなしゃべりが出来るのでしょうか。

本書では、俳優の菅田将暉、プロ野球の大谷翔平選手、プロ棋士の藤井聡太くんのエピソードを取り上げてきましたが、世界で活躍している人々に共通して言えることがあります。それは、「秀でたコメント力」です。

冒頭でも触れましたが、彼らのインタビューを見ると本当に感心してしまいます。一体、どこで身につけたのかと驚くほどのしっかりとしたコメントをするからです。もしかして普段からコメントの練習をしているのではと勘ぐってしまうかも知れませんが、そうではなく彼らの若い頃からの「目標設定」に答えがありました。

「コメント力」のある人は、幼少期から目標が具体的に描けています。若いうちから目標を設定してきた人たちは、おのずと人格もしっかりと形成され、人生観も養われているため、大人顔負けのコメントが出来るのです。

「コメント力」は、その人の成熟した考え方、感じ方に裏付けられます。そこに年齢は関係なく、どれだけ深く物事を考えているかに比例するのです。目標を設定するということは、イコール深く物事を考えるということです。「コメント力」のある人たちが、いつどんな時でもしっかりとうろたえることなく、簡潔に話すことができるのは、自分の言葉で、自分も納得し、周りも共感できる「目標設定」を行っているからです。普段から考えていることなので、体が覚えているのは当然のことなのです。どんな質問に対しても、すぐに答えることが出来るのも、うなずけます。

逆にすぐに話が詰まってしまう人たちは、「目標設定」をしていないケースが多いのではないでしょうか。自分の中で何がしたいのかが定まっていないため、ゴールが見えていないので、いつもどこか話が断片的で、行動が一貫していないのかもしれません。何をしたいのかが明確になれば、「コメント力」もアップするはずです。皆さんも是非、具体的な「目標設定」を行って、「コメント力」を磨いてください。

## 『次の世代のスタンダードを創る』

ベンチャー起業家に「最初に旗揚げした場所はどこですか？」と質問をすると、地名とビル名、何階の何号室で…と当時の思い入れと苦労を抱えて悩んだ光景を浮かべながら答えてくれます。事業家としての自分の発祥地は産声をあげた誕生物語のスタートラインなのだから記憶も鮮明なのです。そして、「当時は目の前の事に一生懸命で無我夢中でした。」と口を揃えて言い、加えて「必死に頑張っていると助けてくれる人が現れたり数々の奇跡が起こるもんですね。」とおっしゃいます。あまり知識がなかった業界に新規参入したり、その業界の常識破りにチャレンジしていると、「この会社は、この人は、いい事をしてくれそう。」と親衛隊のようなファンが顧客となってやって来るようです。そして顧客が必要不可欠と思えた商品やサービスを与え続けたベンチャーは認知され次の世代のスタンダードになるのです。

その事例として有名なファーストフード業界のベンチャー史から創業者の『や

る気』をご紹介します。

今から約40年前の１９７1年7月21日、東京は銀座4丁目にあのマクドナルド1号店がオープンしました。当時はハンバーガーも珍しく、おまけにファーストフードという注文してすぐに歩きながら食べるなんて文化はまだ常識ではなかったのです。もうひとつの型破りは日本一のブランドの銀座三越百貨店にテナントで入ってスタートした事でした。銀座三越への説得に創業者の藤田田氏は1年もかかったといわれます。しかしその1年前から考えていた戦略で当時始まった「銀座歩行者天国」で人々が賑わって歩いているのを見据えてのものでした。テナント契約をしたのもつかの間、問題が生じました。やはり、老舗百貨店の三越側が「工事を店の前でしてもらっては客の妨げになるので…やはり、この話は無かったことに…」と大儀をもって断ってきたのでした。普通の事業家ならあきらめるであろうこの時に藤田氏は、奇跡のベンチャーパワーを発揮したのです。

本来なら45日かかる店舗工事を、客の妨げにならない三越の定休日を挟んで39時間以内に約20坪の日本初のマクドナルド店を完成させたのでした。そして開店後1日200万円という売り上げも常識を覆したベンチャー魂の成果でした。三越も大入りの客が流れてにぎわう恩恵を受けたです。その後何千店にも全国に展開したのはご承知の通りですが、私もこの時の藤田氏の無我夢中の勇気と決断がなければファーストフード業界がもう少し遅れていたかもしれないと思うのです。

今やファーストフードになった回転寿司もその始まりはハンバーガーよりずっと古く、1958年、今から50年近くも前なのです。場所は東大阪市足代、当時元禄寿司の白石氏が人手不足の解消と客への効率的な寿司の提供を考えた末のベルトコンベヤー方式でしたが、曲がるコーナーをどうするかに苦労しました。今では当たり前の曲がるコーナーは、その時白石氏が真剣に悩んだ末のトランプ遊びの扇形から奇跡のヒントを得たそうです。店は1皿4貫50円で大繁盛し、その後1970年の万博にも出店したのです。「寿司は回転するもの」という現在の子供の常識も寿司も今や世界中で回っています。

同じく1970年代初めに、日本に定着するはずが無いと言われて一千店舗以上になったのがミスタードーナッツとケンタッキーフライドチキンです。ダスキンが新事業として手掛け、全国へのフランチャイズ形式の元祖ともいわれるミスタードーナッツ第1号店は大阪の箕面駅前で現在も営業しています。反対に当時勢いよく店の隣に君臨したダイエーは今はもう無いのです。ケンタッキーフライドチキンは、当時まだ車社会ではない日本においての大型ショッピングセンター駐車場での開店は失敗続きだったのです。立地もさることながら、店の外観もよく散髪屋と間違えられたり、１２０円の当時では高いフライドチキンになじみもなく苦労して徐々に大成してきたファーストフードベンチャーです。

日本マクドナルド創業者の藤田氏の「人間12歳までの食は潜在意識となり一生食べるものとなる」という理論通り、ベンチャーが仕掛けたファーストフード業界は確実に日本の食文化になりました。

## いいものはすぐに取り入れる決断力と行動力の速さ

### 澤田秀雄氏
ハウステンボス株式会社
代表取締役社長

よくお会いさせて頂く私が最も尊敬する社長が澤田秀雄氏です。ベンチャー企業の雄であり格安航空券からスタートしてエイチ・アイ・エスを創業し、日本の旅行業界を変えた人物として有名です。澤田氏は「旅行業界の革命児」として航空券の価格革命を起こし、海外旅行といえばＨＩＳと言えるほど30数年間で企業として大きく成長しました。

澤田氏の活躍は旅行業界にとどまらず、航空会社スカイマークエアラインズを設立し、国内定期航空便への新規参入やエイチ・エス証券の設立など次々と事業を展開していきます。

そんな澤田氏のもとには様々なオファーもあり、その中に当時赤字続きだった長崎県佐世保市のハウステンボスから事業の立て直しの依頼がありました。ハウステンボスはもともと第三セクターによる公共施設で、20数年前に2000億円以上をかけた事業でしたが、経営はうまくゆかず開業以来18年間赤字でした。

いわば沈みゆく船ともいえるハウステンボスの経営には、当時の役員の誰もが反対し、澤田氏も決断が出来ずその依頼を2度断ったそうですが、それでも澤田氏の力が必要だと説得され、再建には大きなリスクも伴いましたが、最後はこれを引き受けたのです。この決断は、経済界やマスコミからも注目され、その動向には大変な関心が集まったのを覚えています。

ハウステンボスの現地視察レセプションには私も同行したのですが、視察を終えるとすぐに様々な改革が始まりました。まずは「早朝から掃除をしよう」ということから始まりました。園内をきれいにすると同時に、園内をくまなく見渡すことで気になることや問題点を見つけていったのです。

私も改革メンバーのひとりとして、この改革に参加し、いくつかの提案をさせていただきました。

そのひとつが当時はまだ珍しかったLEDを使った「LEDの街」の提案で

した。その提案はすぐに採用され、それまでは夜になると何もなかった街が、「光の王国 ハウステンボス」として新しく生まれ変わったのです。

澤田氏の凄いところは、私たちの提案に耳を傾け、いけると判断したら、すぐにそれを取り入れ、その提案内容を徹底的に研究リサーチし、実行する決断力と行動力の速さです。こうした改革が次々とスピーディーに行われていき、ハウステンボスはすぐに黒字化を実現し、難しいと言われていた再建を見事果たしたのです。

澤田氏は、もともとドイツ留学時代に通訳やガイドをしていた経験から「お客さんを見て仕事をしたい」という気持ちが強く、楽しいアトラクションを作ったり、無料のゾーンを作ってお客さんを来やすくしたり、入場料を安くしたりと、常にお客さん目線であることも再建のスピードを加速させたのでしょう。

いいものはすぐに取り入れ、ハウステンボス内で国民的アイドルＡＫＢ４８のショーを開催したり、漫画「ワンピース」の船を制作したり、話題となる仕掛けを次から次へと実行していき、今では年間約３００万人が訪れる人気のテーマパークになっています。海外からも数多くの視察やオファーがあり、テーマパークといえば澤田氏というように、「テーマパーク再建ベンチャー」のようになっています。

最近ではロボット業にも力を入れていて、恐竜や女性ロボットが出迎えてくれる無人ホテル「変なホテル」を作りました。普通は30人ほどいなければならない従業員を7人で行い、人件費を減らしつつも楽しいホテルを実現し、ひとつのホテルで年商8億、5億を利益に残しています。

この「変なホテル」のコンセプトは「変化・進化するホテル」。こちらも海外からの視察やオファーが数多く寄せられているそうです。

## 菅生新のワンポイント『やる気』解説「澤田秀雄 氏」

澤田社長の仕事のモットーは「明るく楽しく前向きに」。会社は一度も休んだことがないというほどパワフルで、仕事に対して熱い思いを持って取り組んでいます。出光興産創業者の出光佐三さんの成功記「海賊とよばれた男」に次ぐ「澤田秀雄物語」という映画を作りましょうと提案したことがありましたが、澤田氏は「まだまだ俺は序章(プロローグ)だから」と話されていました。まだまだ澤田秀雄ストーリーは続くのです。今後もその熱意とパワーでビジネス界の先頭を走り、変化・進化していくことでしょう。

# 第二章　条件付けをなくせば無限大の可能性が広がる

『やる気』

## 第一段階
# 『やる気』は恐怖から始まった

英語のモチベーションを日本語に訳すと「動機付け」「やる気」という言葉になります。もう少し詳細に言うと、「何かを実現するための前向きな心の働き」という意味です。「モチベーションがあがらない」と使われることから、「士気」という意味も持つことがわかります。『やる気』がなければ人間は真剣に動きません。これから、人間にとって、『やる気』とはどのようなものか、どうすれば『やる気』を維持できるのか、ということを考えていきます。

人類の長い歴史を振り返ると、『やる気』は大きく三つに分けられます。恐怖、報酬、心の満足の三つです。石器時代のような大昔には、たとえば、グループで最強の大男が「お前は魚を捕ってこい」「お前はイノシシを捕りに行ってこい」というように命令して周囲の人間たちを動かしていました。大男の命令に逆らえば、暴力をふるわれたり、グループから追い出されたりします。それではかなわないので、周囲の人間たちは大男の言うことに従います。人々は暴力の恐怖を避けたい、という『やる気』によって動いていたのです。その根本には生命の危機という恐怖があります。その恐怖が『やる気』となっているのです。権力や暴力で「殺される」「食べ物がなくなる」「痛い」といった生理的な危機が『やる気』の第一段階と考えられます。

## 第二段階
## 報酬による『やる気』が世界を制覇した

原始時代からさらに時代が進むと、人間は貨幣というものを発明しました。貨幣の流通によって、『やる気』の形態も変化しました。金銭による報酬という『やる気』に変わるわけです。「お金をあげるから、これをやってください」という取引が行われるようになったのです。食物を得るためにお金が必要になり、お金を得るために働くことになったのです。金銭という報酬が『やる気』になって、人々は活動するようになったわけです。

それは現在も続いて行われていることです。人々は必要な技能や知識を身につけて、それをお金にします。一人で独立して働く人もいれば、自分で会社を興して稼ぐ人もいます。農業に従事して作物をお金に交換する人もいます。現代において一番多いのは会社や役所で働いて、給料をもらう人でしょう。なるべく給料の良い会社で働きたいと思い、特別な技能や知識を身につけます。報酬という『やる気』によって人々は動いているわけです。

## 第三段階
# 心を満たすことが『やる気』になる時代

現代の日本においては、「やり甲斐」とか「生き甲斐」という言葉が重要視されており、「好きなことをして生きていきたい」という人が増えています。「自分の心を満足させたい」ということが『やる気』になっており、収入、地位、名誉というものが第一の『やる気』ではないケースも多くなりました。たとえば、オリンピック選手がよく言う「自分自身を誉めてあげたい」という『やる気』でもよいわけです。〝自分〟が一番の動機付けになります。人間の『やる気』は「怖い」「欲しい」というレベルから「心を満たす」というレベルに進化してきたのです。

現在は物もたくさんありますから、多くの報酬を得られるとしても、それだけでは人は動かない時代なのです。まさに心の時代の到来です。報酬、地位、名誉といった見返りも重要ですが、自分の心を満たすことが最重要になってきたのです。人間は興味あることや納得したことは、難くても辛くてもやり遂げようとします。その気持ちが強い『やる気』になるわけです。そして、満足するためには人と人との関係が大きな要素となります。たとえば、「あの人のためにがんばる」「約束を果たしたい」「認めてもらいたい」というのは、非常に大きなエネルギーになるのです。これが心の『やる気』というものです。

## 『やる気』は文化をバックボーンとしている

恐怖、報酬、心という三つの『やる気』キーワードは、人間が生まれてから死ぬまでの間に経験することです。赤ちゃんは生きるためにミルクを必要とします。そのときにはただ親にミルクをくれるよう泣いて訴えるしかありません。子供の活動の多くは、食物がない恐怖、家がない恐怖、親がいなくなる恐怖など恐怖の『やる気』によって支えられています。私も小さい頃は、「家から出て行きなさい」と言われると、嫌なことでもすぐにしたものです。

物心がついてからは「これを買ってあげるから勉強しなさい」という形で物欲が大きな『やる気』になりますし、社会に出てからは給料という報酬が『やる気』になります。さらに社会である程度の地位となり経済的に安定すれば、ボランティア活動などで心の満足を追求するようになります。人類が歴史で行ってきたことを、一人の人間は一生で実践するわけです。

三つの『やる気』について説明してきましたが、ひとつの『やる気』が人間の行動を決めているわけではありません。人間の行動にはさまざまな理由があります。「この行動の背景には報酬という『やる気』がある」「あの人の発言には心を満足させたいという『やる気』がある」と分けられるものではありません。『やる気』は混ざり合っており、さまざまな状況によって、その場、その瞬間で変化・進化します。ダイナミックに変化していく『やる気』に従って人々は行動しているのです。

そこには人間がこれまで培ってきた文化、文明のすべてが反映しています。日本人には日本人の、アメリカ人にはアメリカ人の『やる気』の傾向があります。人類が構築してきた文明の上に、日本人が積み重ねてきた文化を背景にして、現代の日本人の『やる気』があるわけです。そのように考えると私たちの『やる気』は、自分だけのモノではありません。多くの人々が重ねてきた試行錯誤の上に成り立っているのです。『やる気』の背景にある文化を知ることが、自分自身を知ることでもあります。ときには長いスパンで自分自身の『やる気』を考えてみたいものです。常に思うのですが、今の自分を表現または自己紹介するときのキーワードは、今この瞬間感じている『やる気』でしょう。

## 「他人の喜び」を『やる気』とする喜び

ある幼稚園で、与える報酬によって子供たちの行動がどのように違うか実験した結果があります。実験では、絵を描いた後に先生から〝誉めてもらえる〟Aチームと、〝賞状をもらえる〟Bチームに分けました。絵を描くたびに、それぞれ報酬がもらえるようにしたところ、先生に誉めてもらえるAチームが多くの絵を描きました。賞状をもらえるBチームは最初は良かったのですが、『やる気』が下がり絵を描く回数がAチームより少なかったのです。絵は雑になり、内容も手薄になってきました。Bチームの賞状は、おもちゃやお金等に内容を変えていかなければ『やる気』は維持できず絵は継続進化しないのです。「先生に誉めてもらいたい」「先生の期待に応えたい」という想いは、大きな『やる気』になるのです。誰でも「よく見せたい」「評価されたい」と思っています。「自分はここにいて、このように立派なことができる」というプライドがあります。「努力して、あの人と堂々と笑顔で会いたい」という気持ちが誰にもあるのです。「またあの人に笑顔で会っているイメージ」を思い、そのために努力をするのです

## 自己実現

## マズローに学ぶ人間の欲求五段階説

ここではアメリカの心理学者アブラハム・マズロー氏が提案した人間の欲求五段階説に沿って、『やる気』について考えていきたいと思います。マズロー氏は、人間の欲求には

他人に喜んでもらう『やる気』

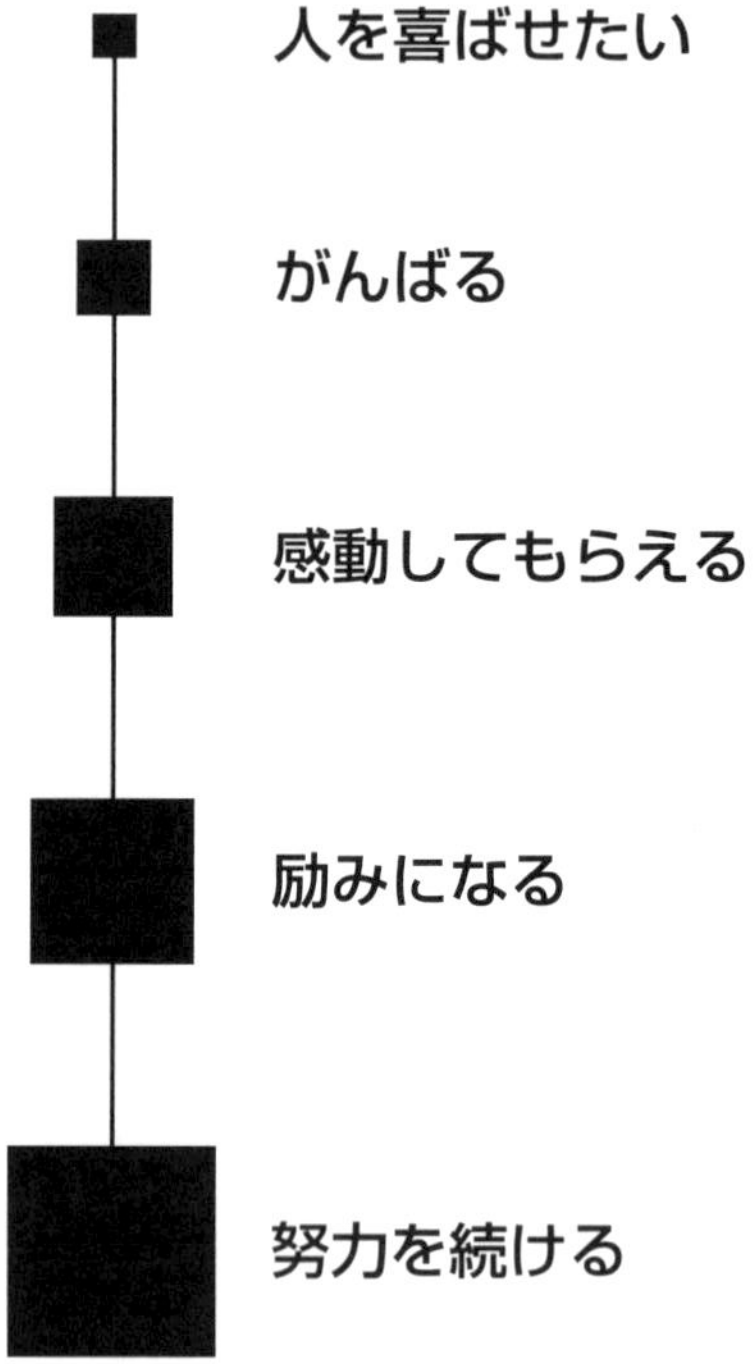

段階があると仮定し、生理、安全、親和、尊厳、自己実現という五段階の欲求を設定しました。ひとつの段階に満足すれば、次の段階へと進んでいくという説です。マズロー氏の説は世間に広く受け入れられ、人間を理解するために大きな役割を果たしました。マズロー氏の欲求五段階説を私なりに簡単に説明します。

第一段階は、「生理的欲求」です。たとえば大災害によって生活基盤がなくなってしまったとします。まずは「水が欲しい」となりますし、次は「食べ物が欲しい」、そして、「住むところを探そう」という生命を維持するための欲求が生じます。それらが「生理的欲求」です。

生命を維持するモノを手に入れたら、普通の生活をするための基盤が欲しくなります。危害などが加えられなくて仕事や収入源も確保し安定した生活を送りたい、という「安全欲求」です。ここまでは先進諸国では、ほとんどの人が満たされている欲求と言えるでしょう。

その次の段階になると社会的な欲求である「親和欲求」になります。組織や集団に属したい欲求です。帰属欲求ともいわれます。社会に属して人間らしいコミュニーションをとりながら生活したい、という精神的な満足を望む段階になります。この「親和欲求」が満たされると、次に人間は「尊敬されたい」と思います。自分が属している集団の人々から尊敬され、自分の価値を確認したいのです。これは「尊厳欲求」と名付けられました。

そして、マズロー氏は、人間の最終段階の欲求を「自己実現欲求」としました。私は**「夢欲求」**という言い方をしてもよいと思います。自分の能力を最大限に発揮して、**自分の夢を実現する欲求**です。自分にとって最も価値のある目標を設定し、それを実現することです。もはや、この段階では他人と比べることに意味はありません。

日本のように生活基盤が安定した社会では、皆が「尊厳欲求」「自己実現欲求」を満たそうとがんばっています。「尊厳欲求」の段階では、それぞれの人の個性が反映されます。特に「自己実現欲求」ともなると、それぞれの欲求は、全然違うものになります。それは一言でいうと、**〝オンリーワンの自分を確立し心の満足と存在価値を実現する〟**ことだと思います。

ここで重要なヒントがあります。

自分自身の成功を実現させるために人間は周りの為にやっていけるのだ、お互いやってあげるんだという、そういう深い観念が重要かつ案外気づかない大切なポイントなのです。

そのプロセスが自己実現に到達していくということ。その人のなりたい像というのは、その人にしか無いわけです。二十一世紀は心の時代といわれていますから、物欲より心の欲、やはり自己実現、夢実現以上のものは無いのではないでしょうか。自分が本来何のために生まれて何をして生きるのかという観念を常に追求するという時代です。

さて、具体的に大切なのは、**日々の仕事や趣味でいち早く「ライフワーク」として目覚め、日々「自己実現を意識する」ということ**です。

自分しかできない仕事をやっている人は貴重な存在であり、いつまでも必要とされて求められる。私は「**成長的夢欲求**」という言い方をしてもよいと思います。自分の能力を最大限に発揮していく実感をもって自分の夢を実現する欲求です。自分にとって価値のある目標をいくつか設定し、それを段階的実現していく喜びを日々イメージして行きましょう。

マズローの欲求（欲望）段階説と体験的自説

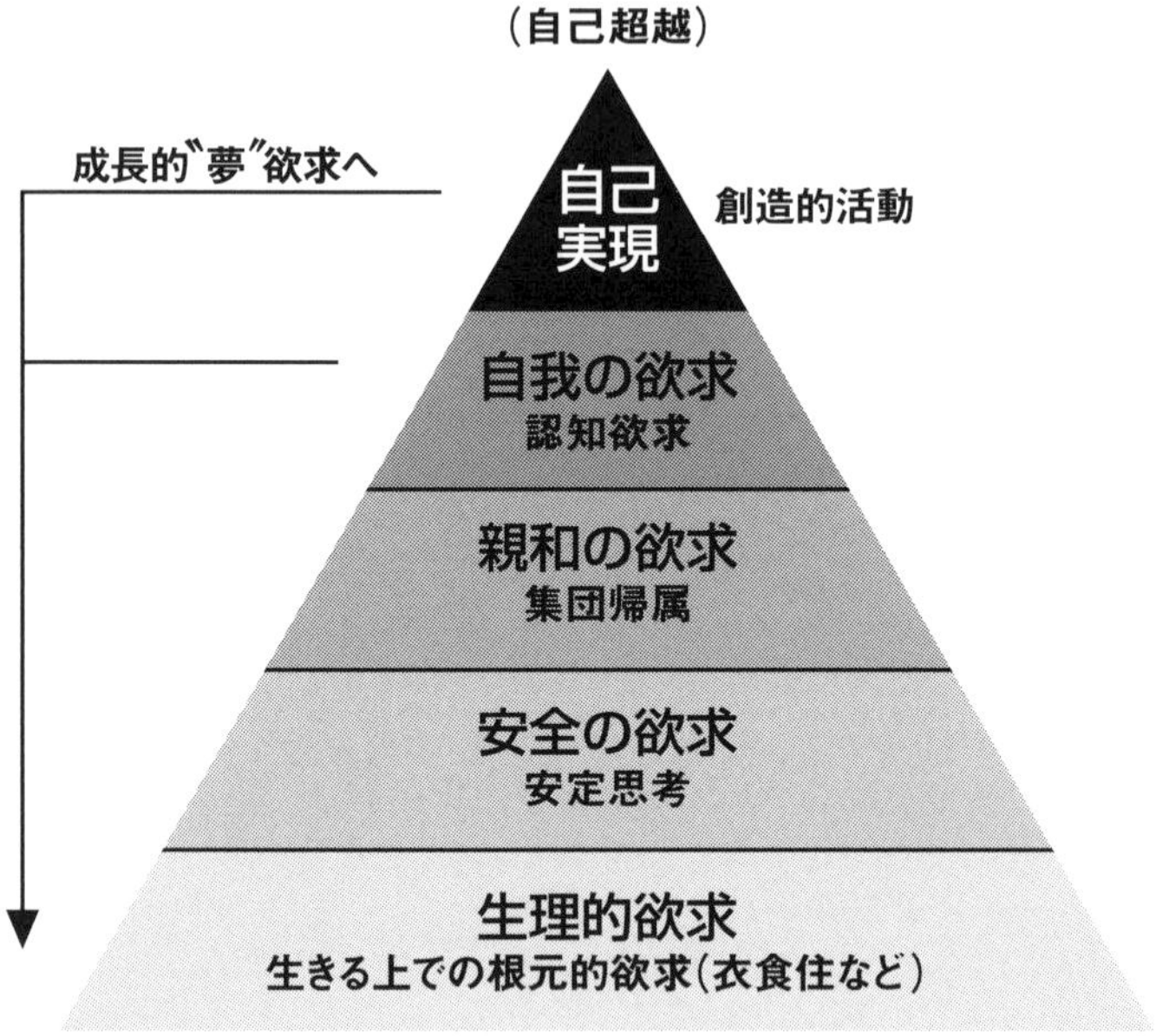

## 自己実現によってオンリーワンとなる

自己実現するということは、オンリーワンになることです。私は大学時代、京都の撮影所で時代劇の大部屋俳優として働いていました。大学の授業料も、生活費も、四年間、一応無名の俳優業で稼いでまかないました。つまり、大学に通うよりも、撮影所に通う時間のほうが長かったのです。ちょうどテレビで時代劇がブームの頃で、「水戸黄門」「大奥」などのドラマに出演できたのです。おかげで、有名な俳優の方々と職場という形でご一緒できました。

しかし、私が毎日のように働いていたその四年間に多くの主役級の俳優が何故か人気が失せて消えていきました。その頃、出演されていた方で今も活躍されている方のほうが少ないでしょう。主役クラスとして活躍した方もいましたが、多くの方は夢半ばにして俳優という現役を退いたのです。華々しい芸能界という世界は、皆が憧れるだけにとても厳しい競争社会です。その人の容姿、芸、人気、運によって、人生が大きく左右されます。浮き沈みの激しい世界です。自分自身が商品なのですし、特に向上心を維持する強固な『やる気』の継続が生命線です。

そのような世界ですが、当時、私が関心を持ち観察していたのが主役を持ち上げるバイプレーヤーという人たちでした。テレビドラマや映画の多くは主役に絡む味のある三、四番手の役者が重要です。この方々は、主役級の俳優が売れなくなり消えていく中、芝居も上手く独特のキャラクターと豊かな表現力で、存在感をアピールしています。主役でなくとも名も通っていますし、私の目から見ると本当に格好良いのです。何故そうなるかを理論でいいますと、主役は、その役に成りきっていく宿命ですが、バイプレーヤーは実は既にその人のイメージに合わせて脚本に存在するのです。主役以上にイメージされてキャスティングされているということです。オンリーワンの存在なので彼らに代役はいませんし、逆に脚本家や演出家はイメージしやすいのでしょう。もし役者で生きるなら「この人をイメージして脚本を書いた、この人の他に無い。」といわれる主役となるのが自己実現でしょう。主役でわかりやすい成功例としては「古畑任三郎＝田村正和」「男はつらいよ＝渥美清」でしょうか。

その役に合わせていくよりその役を自分のフォーム・自己演出にするというオンリーワンのパーソナリティを確立するからこそ、芸能界という厳しい世界で生き残ることができるのでしょう。芸能界の個性的な方々のおかげで、**「自分しかできない仕事をやっている人は貴重な存在であり、いつまでも必要とされて求められる。人間はそのようにあるべきだ」**ということを私は若い頃に運良く役者の世界で学ぶことができたのです。あれから二十年以上経ち今でも、友人として赤井英和さんや間貫平さんに個性的に生きる素晴らしさ、楽しさを勉強させていただいています。当然、私が冠で出演している今のテレビ番組も「菅生イズム」をより追求していこうと思います。

## 大好きなモノを見つけた時点で成功している

当たり前のことですが、人はさまざまな『やる気』を持って動いています。毎日、会社や学校に行くのも「給料をもらって生活するため」「勉強して将来仕事に役立てたい」「ただ好きだから行きたい」「親に言われたから」などの『やる気』があるでしょう。人は同じことをしていても、それぞれ違う『やる気』を持っています。また、仕事を選ぶ、恋人を選ぶ、遊びに行く、という行動において、それぞれが個性に従った行動をとります。そこには各人の個性に基づいた『やる気』があるからです。

他人から見ると信じられないことに興味を持って行動する人がいます。たとえば、数学という真理の探究に人生のすべてを捧げる数学者もいますが、そのような人は毎日、難しい数式を解くことに夢中です。それが本人にとっては最も楽しいことだからです。

たとえば、ヘビが大好きなので、アフリカへ毒ヘビを探しに行く人もいます。その人にとっての『やる気』は「珍しいヘビを見つけたい」でしょう。それが楽しいからです。それが幸せなら誰も文句をつけることはできません。他人から見ると信じられないようなことですが、本人にとっては大切なことなのです。そのようなはっきりした『やる気』を持つことができる人は、幸せな人です。

**熱中できるモノを持っている人はすでに成功している、**と言っても過言ではありません。必要なことは「熱中できる大好きなこと」を見つけることです。自分が大好きなことをもう一度見直してみましょう。それが大きな夢につながることになるのです。

## 今までの自分の〝当たり前〟を打ち破る

企業研修はよくしますが、その中で楽しくも私が学べるのは幹部研修より新人研修です。大学を出たばかりの新社会人に「条件なしで、あなたの夢を書いて下さい」と質問します。そのとき、記入する紙を前にとまどう方がたくさんいます。「条件なし」ということに皆さん慣れていません。「英語ができないから海外生活できない」「お金がないから高級車も買えない」など、どうしても現実の自分の姿を見てしまうのです。でも、これから何かをしようとするときに、そのような条件付けをしてしまうのはおかしなことです。将来、どのような仕事が出来てどのような立場になるのか、今の自分にはわからないからです。

夢を描くときには、そのような現実的な条件は考えなくてもいいのです。書けない人には、「中学生時代に戻ったと思って書いてください」「数年前にもどって考えてください」とアドバイスします。そうすると、頭をリセットして自由に書くことができるようです。

現在の状態を前提とすると可能性はせまくなります。それは大変もったいないことです。夢を描くときは一度、現実をわきに置いてください。現在の状況、たとえば、お金、家族、仕事などの現実をすべて忘れて、自分の夢を考えてみるのです。夢のリストアップを始めてみるとこれが大変難しいことに気がつくはずです。

誰しも、家庭環境、社会環境、過去の経験によって**条件付け**がされています。自分でも知らない間に条件付けされているのです。たとえば、日本の母親は子供を叱ることが多いと言われます。「それはしてはダメ」「危ないから近づいてはダメ」と「ダメダメ」と子供に言うことが多いようです。このような物言いが子供たちの無意識に入ると、子供たちの積極性をそいでしまいます。

それは大人であっても同じです。何か失敗すると、「一度やってみたけどダメだった」というネガティブなイメージにとらわれています。知らない間に自分で自分にダメ出しをしてしまうのです。マイナス面を振り返るのはやめましょう。自分の今までの〝当たり前〟を打破しなければいけません。まず、自分というカラを打ち破るところから始めてください。

## 大きな夢を描け
## アメリカ大統領にだってなれる

世の中を見れば、数年前には夢だったようなことが現実になっています。携帯電話やインターネットは二十年前には考えられないようなテクノロジーですが、今では誰でも使うサービスとして定着しました。経済面でも大きな変化が起きています。もし、二十年前の人が、「三菱東京UFJ銀行」という看板を見たら、びっくりするのではないでしょうか。

社会全体が驚くべきスピードで変わり続けている中、個人の夢も想像しない形で実現されます。ですから、どのように突飛な夢であっても、「それは不可能だ」と言うことはできないはずです。

たとえば、私が「アメリカ大統領になりたい」と言うと、皆さん「また、バカなことを言っている」と思うかもしれません。でも、それは必ずしも不可能ではありません。常識にとらわれているから、「バカなことだ」と考えてしまうのです。それが「心の条件付け」と言われるもので、自分で自分の限界を決めてあきらめているのです。

しかし、ときには意識的に常識はずれのことを考えてみましょう。できれば、世の中のためになり、自分のためになることがよいでしょう。「アメリカ大統領になって世界の環境問題を解決する」というのはどうでしょうか。「絶対不可能」とは言い切れないはずです。生きている限り不可能はありません。「ハリウッドでトム・クルーズを起用して最高の映画を作る」でもよいでしょう。「そんなことは無理だ」と初めからあきらめていては何もできません。成功者と普通の人々との差は、ここにあるのではないかと思います。

つまり、具体的なイメージを描いて、計画実行する方法を考えるのです。成功者たちは大きな夢と、その明確なイメージを持っています。ただ漠然と「お金持ちになりたい」という夢と、「ハワイとモナコに別荘を持っている事業家になりたい」という夢とでは、イメージの具体性が全然違います。そこからさらにブレークダウンしていけば、今すべきことが見えてくるのではないでしょうか。成功者たちは大きな夢を描き、そこへ至る具体的な道筋を考えて、そのために努力した結果、成功したのです。そこには条件付けをはずした大きな夢と、実現する緻密な計画があったのです。今までの常識的な友人は笑い誹謗中傷するのは、ある意味では当たり前でしょう。**あなたは夢を口にした瞬間に次のステージの友人を見つけることが必要です。**常識を超えて可能性に燃えるあなたに懸けて見届けてくれる人を立会人として要することです。日本のＩＴベンチャーの第一人者で、少年の頃の夢を超えてプロ野球球団のオーナーにもなったソフトバンクの孫正義社長が話されました。まだ小さな創業間もないころから、よく社内会議で会社の計画や構想を発表すると皆から「殿、御乱心」と言われたそうです。とてつもない夢や構想は、実は今の身近なあなたをよく知っている仕事仲間や友人や家族には理解できないのは当たり前です。逆に夢を語ったあなたへ一番はじめに障害となるのは、今の外面のあなたをよく見ている周りの人々の目でしょう。つまり、あなたの周りが「御乱心」「やめときなさい」「バカか」と驚かないくらいでは自己実現という面白い人生の成功曲線に乗れないと思いませんか。勇気を持って命という全財産を自分に投資できるのは自分だけなのです。

## 常識を疑い、常識を作り、常識を広げろ

坂本龍馬は、明治維新の数年前に仲間の土佐藩士に「幕府も三百諸侯も消える」と言って驚かせました。その頃、幕府や藩が消えることは誰も考えていなかったからです。勝海舟という先生がいたことを差し引いても、龍馬が日本という国、日本人という概念を持っていたことは驚くべきことだったのです。その背景には藩という支配から逃れて脱藩して、土佐藩士という立場でなくなったこともあったでしょう。ひとつの条件付けが外れたことによって、龍馬は大きな視野で見られるようになったのです。それが明治維新につながる大政奉還という大事業を推進する力となりました。

新しいことを始めるためには、条件付けをはずすことが必要条件になります。現在の条件付けを明確にして、「そこからどのように自由になるのか」「自由になったら、どのように実現するのか」「そのとき、自分の『やる気』は何なのか」ということを確認しましょう。オンリーワンの自己実現をするために必要なことは、あらゆる常識を疑い、自分で新たな常識を打ち立てることです。私たちの心は常に社会の常識にとらわれています。人間は社会的な動物ですから社会常識にとらわれるのは当たり前のことですが、できるだけ社会常識にとらわれないで自分の夢のことを考えてみてください。

条件付けということを経済社会で考えると面白いことがわかります。新規参入のベンチャー企業が業界トップになるケースがよくありますが、その最大の理由は、実は条件付けにあるのです。業界内での常識を破ることによって、大きく成長することができるからです。**ベンチャー企業の成功は、条件付けをはずしたおかげで実現できた**のです。常識破りのビジネスモデルが、不合理な業界の仕組みを打ち壊し、新たな常識として業界を支配するのです。

ベンチャー企業は常識を常識として認めず、それを打破することで新しいビジネスモデルを打ち立てます。昔から業界にいる人々は、疑問もはさまず業界常識を受け入れています。時代が変われば、さまざまな環境の変化があり、少し前に常識だったことは、あっという間に非合理な常識になってしまうのです。業界の外部から見ると常識が常識でなくなっていることがよくあります。

そのような常識と非常識の狭間で勝負するのがベンチャー起業家です。業界の当たり前を打ち壊すことができれば、新規参入に成功する確率が高くなります。ベンチャー起業家自身が業界常識を常識とみなさないから成功するわけです。「悪い条件付けがなかった」という言い方もできるでしょう。

それは個人でも同じです。常識にとらわれたり、今までの自分にとらわれたりしていると前には進めません。ベンチャー起業家たちを見習って、心の条件付けをはずし、チャレンジすることを忘れないでください。

ベンチャー経営者『やる気』事例

## 悔しさをバネに大成長した起業家――杉野公彦氏

株式会社ラウンドワン
代表取締役社長

大阪に本社のある総合ボウリング場経営のラウンドワンを率いる杉野公彦社長は、当時史上最年少の37才で東証一部への上場を果たしました。杉野氏は、学生時代にローラースケート場の管理人のアルバイトをしていたとき、あまりにも客が来ないことから卓球やビリヤードなどを提供するアイデアを考えました。中古の卓球台やビリヤード台を買い付け実際に置いたところ、大変好評で客が急増しました。その成功をきっかけに次に親から２０００万円の事業資金を借りて中古ボウリングレーンを購入しました。

最初の小さなボウリング場を作った時、他の同業者達から「君の所は、おもちゃのボウリング場だな」と言われたそうです。杉野氏は、それがとても悔しく、「いつか『おもちゃ』と言われない日本一のボウリング場を作ってやる」と心に決めました。しかし、2店舗目のボウリング場を開店しようと、買収したボウリング場を見に行ったとき、ハトの死体が山盛りでレーンに散らばっていたそうです。「その時の悔しさや苦しさを今も忘れない」と杉野氏は振り返ります。「おもちゃ」扱いされ、かつ、ハトの死体を奥歯を噛みしめて掃除をした思いがあったからこそ、その後もさまざまな苦労を乗り越えられたのでしょう。

それから20年以上の年月が過ぎた現在、店舗は80を超えるまでになり、東証一部上場を果たしました。2006年度の売上高は600億円を超え、経常利益は160億円を突破するまでになったのです。1店舗約1億円という年商のボウリング業界の常識を超え、アミューズメントやカラオケも併設し、中には1店舗で年商20億円を超える総合レジャー施設もあるそうです。これだけの成功をおさめても杉野氏は今でも「客が1人も来ない夢」をトラウマで見ることがあるそうです。

「あの時の悔しさや苦労があったから」と過去を心の糧にできる人だからこそ、強い精神力によってベンチャー企業を成功に導くことができたのです。現在、数10種類のすべてのアトラクションが時間内で遊び放題の「スポッチャ」の成功で益々躍進し、ボウリングの本場アメリカにも多く出店、展開しています。目標は、ディズニーランドを超える経常利益を達成すること。ディズニーランドと違って、日本中の多くの地域にスポーティな楽しみを演出するさらなる飛躍を期待したいものです。

**菅生新のワンポイント『やる気』解説「杉野公彦 氏」**

杉野氏は、今も現場に自分自身で足を運びながらお客の立場から店を観察し考えます。常にイメージを絵にかいて皆にアピールしながら意見や情報を集めて判断し事業を推進していくのです。世の中に地域密着で「元気と笑顔」を与える使命を持って全国に展開しています。自己の可能性にチャレンジし続けるハングリーな起業家なのです。

## 従業員の幸せを追求すれば自分も家族も幸せになれる

### ――一瀬邦夫氏

株式会社ペッパーフードサービス
代表取締役社長

「ペッパーランチ」や「いきなり！ステーキ」で有名な株式会社ペッパーフードサービスの一瀬邦夫社長は、コックとして修業を積んだ後、20代後半で自分の店を開業。40代で有限会社を設立し店舗展開に乗り出し、50代前半で低価格のステーキ店「ペッパーランチ」を開業し、チェーン展開していきます。そして、64歳の時に東証マザーズへの上場も果たしました（現在は東証一部に上場）。

これまで洋食の世界を歩んできた一瀬社長は、私に話してくれました。もともとは街中にあるステーキ屋の親父さんだったそうで、店は繁盛していましたが、従業員やアルバイトが思いもよらずに次々と辞めていってしまい、人材が定着しないことに頭を悩ましていた時期があったそうです。この頃、一瀬社長は、従業員に嫌われるのが怖くて何かミスをしても強いことも言わず、皆に優しく接していたそうなんですが、それでも人が辞めていくのはなぜなのか？

考えに考え抜いた一瀬社長は、ある答えにたどり着きました。それは、当時はお客さんもたくさん来てくれて店も繁盛していたこともあり、現状に満足し、夢という夢もありませんでした。従業員たちは、そんな一瀬社長の下で働いていても成長出来ないし、将来も思い描けないと感じ、店から去っていったのではないか、と考えたそうです。

それならば自分自身が大きな夢を持ち、従業員の夢やチャレンジを後押しできるように事業を拡大していき、全国展開をしていこうと決意し、後に株式上場も果たしたのです。

現在、本社の社長室や会議室には、「世界進出！」や「年収1000万円！」など、全社員の夢や目標が壁に貼られています。実は毎年、全社員に1年間の夢と目標を書いてもらっているそうで、これは社員のモチベーションを高めることにも効果を出しているそうです。

「従業員の幸せを追求すれば、自分も家族も幸せになれる。」

そう語る一瀬社長の強い思いがペッパーフードサービスの成長にも大きく関係しているのではないでしょうか。

「いきなり！ステーキ」の店舗では、その1店舗だけで7店舗分の肉を消費してしまう店なのです。美味しいお肉をリーズナブルな価格で提供したいという思いがあり、品質にもこだわっているため、原価率は約60％程度だといいます。利益は後からついてくるという考えから、とにかく皆さんにおいしく食べてもらうことで売り上げを伸ばしていこうと、薄利多売でお客さんに愛される店を目指しています。

こうした強い思いと、全社員が現状に満足せず、常に次の目標設定を立て、新しい夢に向かうペッパーフードサービス。現在は、ニューヨーク出店で、アメリカへステーキ食文化を逆輸入進出中です。

## 菅生新のワンポイント『やる気』解説「一瀬邦夫 氏」

一瀬社長の素晴らしいところは、思いついたときにすぐに実行するその行動力です。常日頃から「思いついた時がタイミング」と話されていて、実は、「いきなり！ステーキ」を始めたのは70歳を過ぎてからでした。この新形態の店を始めたきっかけは、「前菜とかいらないからすぐにステーキが食べたい」という発想からで、これまでステーキといえば上品で高級な食事というイメージが強く、前菜やスープなどとフルコースセットで食べるのが一般的でした。そんなこれまでの常識を覆し、安くておいしい、すぐに食べられる立食スタイルのステーキ店があったら、もっと気軽にステーキが食べられるのではないかと、「いきなり！ステーキ」を開店。すると、すぐに評判になり、あっという間にその年だけで25店舗までに拡大。70歳を超えてのチャレンジは、見事大当たりとなりました。

# 第三章　『やる気』を高める五つのキーワード

# 『やる気』の〝ホットボタン〟を見つける

『やる気』を維持するには、気持ちを高める工夫をしなければいけません。自分のテンションをあげる方法やきっかけは、人によって違います。そのような方法やきっかけを、私は〝ホットボタン〟と呼んでいます。自分のホットボタンを見つけることができれば、成功に至る作業は非常に簡単なものになります。必要なときにホットボタンを押して、『やる気』を高めて、するべきことをするだけです。そうすれば常に積極的に動けるようになり、さまざまなことが自分の思いどおりになるでしょう。

「昨日やっておけば今日はうまくいったのに」「今やっておけば後で楽になるはずだがやる気が起きない」ということが誰でもあるでしょう。自分を思い通りに動かすことがいかに難しいか、誰もが知っていることです。自分を理想的な形で動かすように〝セルフコントロール〟できれば、成功へ至る道は短くなるはずです。セルフコントロールするためには、自分のホットボタンを見つけなければいけません。

さまざまな方法でホットボタンを押すことができますが、そのために必要な手法を幾つか紹介しましょう。ここでは、**時間**、**集中**、**イメージ**、**言葉**、**演出**という五つのキーワードに注目してください。時間をコントロールするためのタイム・マネジメント力、時間を効率的に使うための集中力、目的を脳に刻みこむイマジネーション力、心のエネルギーである言葉の力、自分をプロデュースする演出力を身につけるのです。この五つの力を、それぞれのケースに合わせて駆使することによって、いつでも自由に『やる気』をあげて積極的に行動することができるでしょう。

# 時間

## 成功への第一歩はタイム・マネジメントから始まる

人生はおよそ八十年です。この八十年を日にちに換算すると約三万日で、時間に換算すると約七十万時間になります。この数字を皆さんはどのように感じるでしょうか。「三万日と言われると短いなあ」と感じる方がいるかもしれません。今では百歳を超える長寿の方も増えましたが、それでも四万日には達しません。大きな目で見れば、我々の寿命に大きな差はないのです。

多くの人が八十年近い年月を生きるので、世の中には競争があると言えます。もし、五百年生きる人や五千年生きる人がいれば、その人はきっと競争には参加しません。そのように考えると、まずは自分が持っている時間について把握しておくことが大切です。人の生死はわかりませんが、およそ八十年という年月に対する自覚はしておきましょう。一生は長くも短くもありません。約八十年という現実があるのです。**人生が短いか長いかは、時間の使い方次第**です。いかに**「充実した心地よい時間」**を多く体験してきたか、ともいえるかもしれません。寿命からタイム・マネジメントして自分がすることを決めればよいのです。

パナソニックの創業者である松下幸之助氏は晩年になるまでに、創業者利益で莫大な財産を手に入れました。その財産についてインタビューされたとき、松下氏は「この財産すべて差し出すかわりに六十歳若返りたい」と答えたそうです。当時、約二千億円の財産だといわれていましたから、とてつもない「時は金なり」です。でも、もし、年齢の売買が可能だとしても六十歳という年月を売る人はいないでしょう。二千億円を三十年で割ると一年間では約七億円です。年齢を一年分だけ販売することが可能だったら、売る人もいるかもしれませんが、いずれ後悔することになるでしょう。時間というものはそれほど大切なものなのです。お金よりも大切なもの、それが時間です。まずは自分の時間が限られたものであること、その長さはおよそ八十年であること、その時間が非常に大切なものであること、この三つを脳にたたき込んでください。

## 毎日、毎時間、短中長期の目標設定を確認しよう

目標を設定するときに大切なことは、短期、中期、長期と分けてスケジュールを作ることです。一ヶ月ほど先を短期、二〜三年後を中期、十年後を長期と設定します。起業家でもスポーツ選手でも同じです。短期、中期、長期という三点を決めることによって、自分

が向かう方向をクリアにできます。顕微鏡で自分の足もとを、双眼鏡で少し先を、そして、望遠鏡でもっと先を確認するのです。

できたら、目標を達成するためのスケジュールを作ってみましょう。横軸を時間、縦軸を目標としてスケジュールを表にしてください。そうすると自分が何をすべきかがはっきりします。表作りが面倒な場合は、「十月までは準備期間で、十一月は実行期間、十二月は修正期間で年内に完成させる」というように文章で書いても結構です。

そのようなスケジュール表を作成して目標達成から現在まで逆算すれば、「今日すべきこと」が決まります。もし、目標にズレが生じれば、そのたびに変更していけばよいのです。**自分の目標、実現する期日を明確にすることで、『やる気』を持ちつづけることができます。**スケジュールを作り、それを達成する習慣を作れば、あとはその繰り返しです。そのような状態になれば、時間に追われなくなり、あせらず楽しみながら目標達成できるようになるでしょう。

そのコツは、短期間の目標を設定して、達成感を得ることです。その際、自分にご褒美をあげてもよいでしょう。長くても一ヶ月に一回は結果がわかる目標を設定してください。

短期のスケジュールをさらに絞り込んで、毎日、毎時間までにスケールダウンしていけば理想的です。自分が立てた計画をいつも目に見えるところにおいて毎日、毎時間確認しましょう。達成できなければすぐに修正すればよいのです。悪いことをしたわけではありません。すぐに頭を切り換えて目標を可能なレベルに落として達成感を得てください。

自分で立案した計画を自分で実行して達成する。簡単なことのようですが、意外と学校では教えてくれないことです。一度達成すれば、その充実感が忘れられないはずです。その充実感を繰り返すことで、**目標設定→実行→確認→修正→目標達成→目標設定**という生活のサイクルを確立してください。

目標達成のサイクル

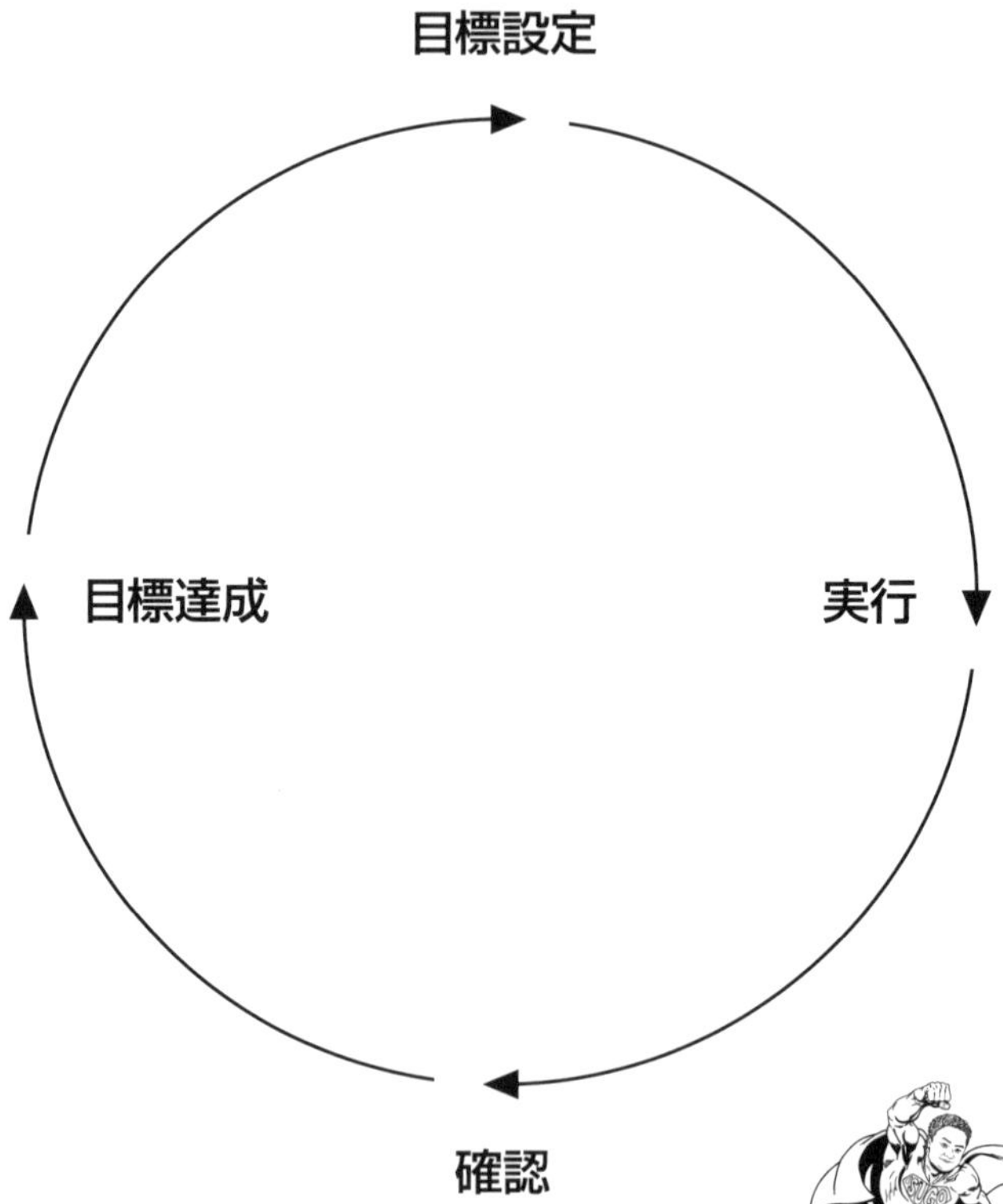

## 目標を数字にして公表すれば知らぬ間に達成できる

たとえば、「年末までに勉強ができるようになる」という目標を設定しても、それでは何も達成できません。「勉強ができるようになる」では目標にはならないからです。「試験で九十点以上獲得する」という数字の目標が必要です。スケジュールも数字のひとつです。カレンダー、時計という数字によって、自分の中のイメージを明確にするわけです。**数字なくして目標達成はありません。**数値化できない目標は目標ではありません。どのようなことでも工夫すれば数値化できます。

たとえば、「早寝早起き」というのは目標にはなりません。普通は「六時に起きたから早起きだ」と思うかもしれません。少し遅くなって、「七時に起きたけど、まだ早いよね」と思うかもしれません。人や職種によっては十時に起きても、「今日は早起きだ」というケースもあります。はっきり、寝る時間、起きる時間を設定しなければ、目標にはなりません。数字を目標にするべきです。

わかりやすいのはダイエットでしょう。二年ほど前、私は不摂生がたたって、ベスト体重よりも十キロぐらい太ってしまいました。テレビ番組に出演するにはカメラ写りが悪いですし、人間ドックでは脂肪肝が発見されて、ダイエットするよう医者からもアドバイスされていました。そこで、私はダイエットを本気で実行することにしたのです。

年賀状にダイエットを宣言して友人たちに知らせました。その結果、六ヶ月で体重を七十四キロから六十五キロへと九キロ落とすことができました。はっきりと目標体重を設定したこと、千人以上の人に年賀状で宣言したことが、私をやる気にさせました。テレビに映っている、やせた自分の姿を強烈にイメージして過ごしました。おかげで宣言どおりダイエットに成功したのです。

目標設定をして、目標を公表することによって、『やる気』をあげることができます。「ダイエットする」と公表した結果、知り合いから貴重なダイエット情報を得られました。その目標に関する必要な情報は、アンテナを立てると自然に入ってくるものです。また、目標を周囲の人々に公表することによって責任感を持つことができます。そのような準備ができれば、実はほとんど成功した、と言っても過言ではありません。

ジェットコースターに乗るまでは怖いですが、ジェットコースターが動き出せばゴールまで行くしかありません。同じように、目標を明確にして勇気をだして周囲に発表したときには、すでにジェットコースターに乗ったのと同じです。あなたは、迷うことなく、思った通りの道を行くことができるのです。

## 体を鍛えるように集中力も鍛えられる

タイム・マネジメントを積極的に行っていると、使っている時間の質について考えるようになります。今している仕事の質、勉強の質が高ければ、それだけ、時間を有効に使うことができ、タイム・マネジメントはうまくいきます。そこで質を高くするための集中力が必要になります。「集中してやれば目標を達成できるはずだ」とがんばるのですが、なかなか実現することは難しいモノです。

集中力で思い出すのは、やはりベンチャー起業家です。特にスポーツで鍛えてこられた方は、素晴らしい集中力を持っています。中でもボクサーやレーサーとしてプロ級のレベルに達した方の集中力は抜群です。

たとえば、ボクサーは相手のパンチが目の前にくるまで、目を閉じない訓練をします。相手のパンチから身を守るために絶対必要なことなので、この訓練ができていないと試合で勝つことはできません。そのためには、質の高い練習を多くこなさなければいけません。その練習によって集中力が高まっていくのです。

プロボクサーと同じ練習をすれば、素晴らしい集中力や身体能力を得られますが、そのために時間を割くことは難しいでしょう。ですから、毎日欠かさず最低限の運動をするようにしましょう。散歩、ジョギング、水泳など体を規則的に動かす運動をすることは、脳の活動に大変良い影響を与えます。できれば、三十分程度のストレッチ運動や散歩等を毎日続けてください。これをクセにすることです。続けていけば、「今日は運動していないから気持ち悪い」という感じになるでしょう。「忙しいから今日はやめとこう」と思うと続けることができません。忙しくても必ずやることにするのです。そのほうが生活にリズムができ、仕事や勉強の効率もあがるはずです。毎日続けることで、高い集中力を維持できるようになるのです。

## 時間の価値向上
## 〝三分の二の法則〟をマスターする

集中力を高めて効率的に物事をこなすために、私は〝**三分の二の法則**〟を実践しています。三時間かかる仕事は二時間で済ますように工夫するのです。それができれば、三十日の仕事は二十日でできるはずです。十分の一で実行するのは不可能であっても、三分の二で実行することは集中力と工夫によって可能になるでしょう。三十日の仕事を二十日で終えることができれば、その調子で三年かかっていたことを二年に短縮できるはずです。当初の予定より一年あまります。もっと長期間で考えれば、三十年が二十年になるのです。

小学校の頃にあった夏休みの宿題を思い出してください。夏休みに入ったときは「宿題なんか、すぐに終えてしまおう」と思いますが、なかなか手をつけられません。夏休みが終わる間近まで片付けられず、最後になってあわてて取り組んだことはありませんか。私も、最後の一日か二日で膨大な量の宿題をやった記憶があります。これもひとつの集中力です。

試験前の勉強も同じことです。私は一夜漬けで、実際は使わない疑似カンニング用紙を一所懸命作っているうちに、必要なことを覚えてしまった経験があります。もしここがテストに出たら、このカンニング用紙があれば助かる、と考えながら効率的な疑似カンニング用紙を作るために勉強に集中したので大変効果があがりました。普通なら考えられないような量の勉強を集中してやってしまったのです。カンニング用紙を作るために、教科書やノートから大事なところを抜き出してまとめあげる作業によって、自分なりの理解が得られたことが大きかったのです。「明日は試験」という高い『やる気』とカンニング用紙を作るという工夫によって、素晴らしい集中力を持つことができたのです。

結局、疑似カンニング用紙製作法は、要点を的確に抑えるという私の勉強法を確立してくれました。そして、試験では大変良い成績をおさめることができました。この場合、疑似カンニング用紙を作ることに集中したのが成功の一因です。

ただし、一夜漬けはやはり良くありません。睡眠不足も脳に良くありません。たとえば、進学校で成績の良い学生を調べると、成績が悪い生徒に比較して睡眠時間が長い傾向があります。ある程度、睡眠をとらないと記憶が脳に固定されないからだ、と言われています。「寝る子は育つ」とことわざにもあるとおり、十分な睡眠が必要なのです。

「徹夜したぜ」と自慢するようでは、自分の無能さをひけらかすようなものかもしれません。一週間のスケジュール、一日のスケジュール、一時間のスケジュールを書き出すことによって、スケジュールを時間単位までスケールダウンしてください。そして、仕事内容を「カンニング用紙を作る」ように重要点を洗い出し、ポイントをまとめることによって、時間短縮を図るのです。それで〝三分の二の法則〟をマスターできるはずです。集中力によって、新たな時間を自分で作り出してください。人生の成功にカンニングも一夜漬けも無いのです。しかし明日の勝負に「この準備を」いう何かを思い描き実行することは思っていた以上に活かされるものです。

会社などでデスクの端にシールメモで**「明日やる五つのこと」**を書いてみてください。

目標と言えるものではなく、つまらないことの方がいいです。例えば、「机の一番目の引き出しを整理する」「久しぶりに誰々にメールする」「一分間瞑想する」などです。私が昔、大手企業営業マンでスランプに陥った時の頃、これを続けることによって活路を見出した経験があります。明日すべき細かい自分との約束が、やがて仕事にも重要な方向とお膳立てが容易に出来るようになれるのです。

タイム・フラストレーション

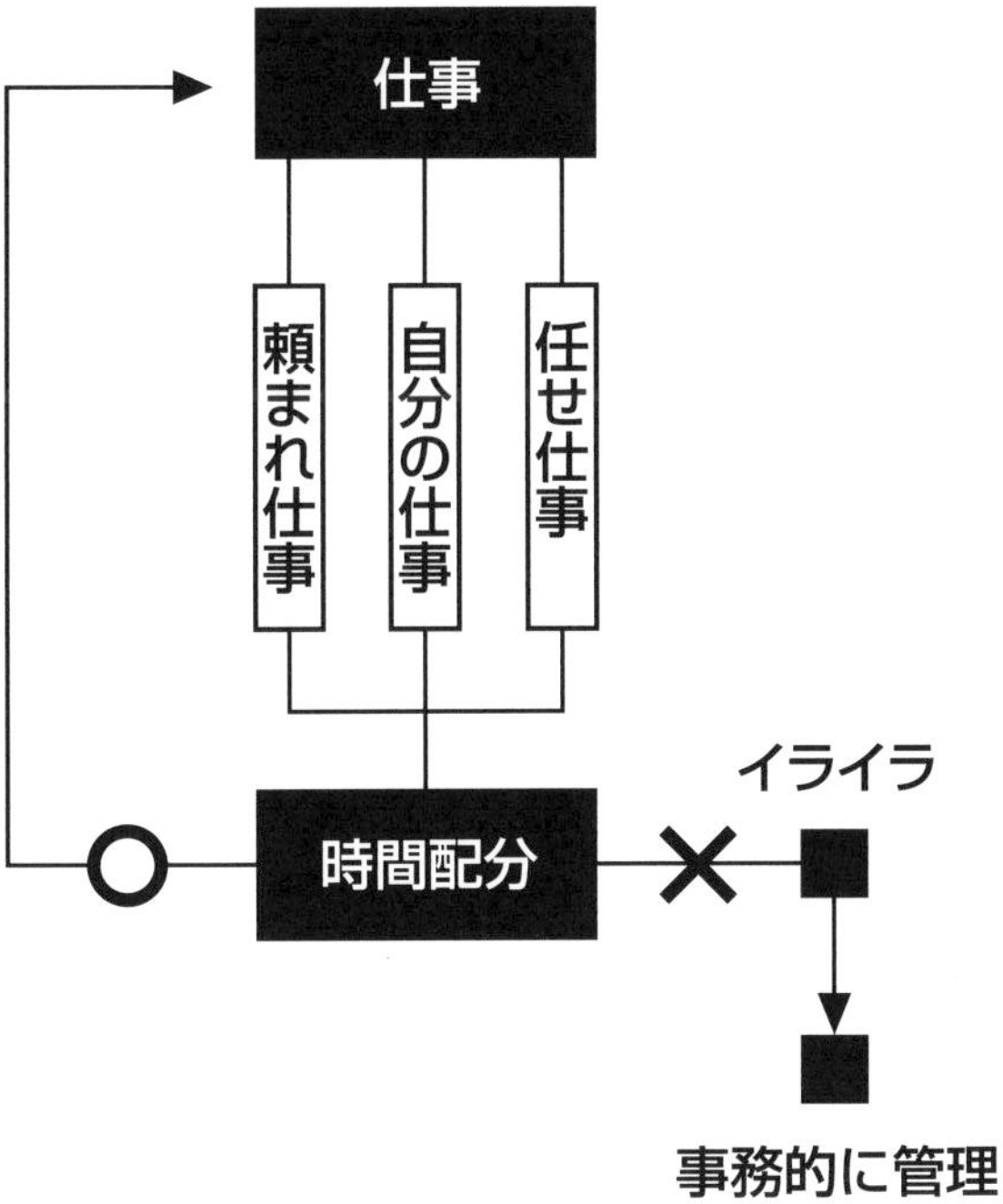

## 〝タイム・フラストレーション〟を解消する方法

もし、不安に感じたり、イライラしたりすることがあれば、有意義な時間を過ごしていないことを意味しています。人間は自分で時間を管理できないときに欲求不満を感じてストレスがたまります。私は、これを〝タイム・フラストレーション〟と表現しています。時間を自分でレイアウトし、自分で時間を操作することで、タイム・フラストレーションはなくなります。

また大事なのは、タイム・フラストレーションは自分の気持ち次第で変化するということです。時間は取りもどせません。終わったことは後悔してもやり直すことはできません。反省することは大事ですが、そのことで気分を落とすことを自分に許してはいけません。考え方を変えて、感情をコントロールするテクニックを身につけてください。

理論武装すればいいのです。「人にとって無駄な時間はない」と考えてください。「無駄だと感じたが、きっと将来の自分のためになるだろう」と考えればよいのです。たとえば、

「部屋を片付けようと思ったが、ボーッとして何もできなかった。でも、それは体を休めるために必要な時間だったのだ」と考えるのです。過ぎ去った時間に対する理論武装をすれば、それだけストレスが減るはずです。時間はとても大切なものですが、時間に振り回されてはしかたがありません。過去から学ぶときはありますが、過去のことで感情を左右される必要はありません。

例えば、災害、事故などの不可抗力で駅や空港で突然、待たされることがあります。そのようなときも前向きに時間を使うようにすれば、新たな発見があるはずです。「本を読む」「勉強する」「考えを整理する」など、いくらでもすることはあるのです。思わぬときに自由な時間が得られて、新たなアイデアが浮かぶかもしれません。どのようなこともチャンスになるのです。〝タイム・フラストレーション〟というのは、その人の思いこみに過ぎません。考え方次第で、あらゆる事態に対処できるようになるのです。

## 世の中の「もったいない空間」を事業に――河野貴輝氏

株式会社ティーケーピー
代表取締役社長

貸し会議室といえばティーケーピー。街中のビルの看板に「ＴＫＰ」の文字を目にしたことがある人も多いのではないでしょうか。

株式会社ティーケーピーは、ビルの空きテナントやホテルの空いたスペースなど、全国各地の遊休スペースを利用し、貸し会議室や研修施設、貸しオフィス、宴会場として企業などに貸したり、「貸会議室ネット」「研修ネット」等のポータルサイトを展開したりするなど、強い集客を実現。また、企業研修やセミナーの支援を行い、会場の手配や設営、講師派遣、ケータリングの手配、清掃管理などのワンストップサービスの提供も行っているトータル空間プロデュース企業です。

河野社長は、大学卒業後、伊藤忠商事に入社し、日本オンライン証券（現、カブドットコム証券）の設立にも参画し、その後、イーバンク銀行執行役員営業本部長に就任。ネットの特性と金融業のノウハウを取得した後に、ティーケーピーを設立しました。

ティーケーピーの成長は、設立当初のある体験がその後の事業拡大へとつながっています。

それは、知り合いから取り壊し予定だった六本木の古いビルの2階と3階を借りないかという話があり、河野社長はそれを安い賃料で借りて、貸し出してみたら運用利益が出たという、そのはじまりです。

当時、そのビルには1階にレストランが入っていましたが解体予定で、1階の店が立ち退き次第すぐに取り壊すけれど、立ち退き済みの2、3階を借りてみないかということでした。河野社長はその2フロアを借り、3階部分を近くで行われていた工事現場に事務所として貸りないかと交渉し成立。その賃貸料だけで2、3階の家賃分になったのだそうです。さらに、2階部分はインターネットを使って、貸し会議室として1時間5000円で貸し出したところ、月に10

0時間ほどの利用があり、それだけで月50万円の収入になりました。

この経験から『世の中の「もったいない空間」を事業にできるのではないか』と考え、空きスペースをネットの力で貸し出す事業をスタートしました。

ティーケーピーが飛躍的に売り上げを伸ばしていった一番の要因は、これまでの貸し会議室事業の改革（ソリューション）を行ったことです。これまでの貸し会議室事業は、不動産会社が副業として手掛けているケースが多く、宣伝はチラシを配る程度で積極的に営業をかけて行うということは少なく、お客さんがやってくるのを待っている「待ち営業」が主流でした。

ティーケーピーは、そうした営業のスタイルを、自ら出向いて積極的にコンサルタント営業する「訪問営業」に変え、貸し会議室を借りることで削減できる経費（賃貸料、固定費）をPRしたり、メリットを知ってもらうことで、企業などの利用者を獲得し、売り上げを飛躍的に伸ばしていったのです。

現在は、貸しスペースの有効活用の他に、研修事業なども積極的に展開しています。1人の営業マンが法人に対して、「新人歓迎会」「新人セレモニー」「決起大会」「研修」など、提案型のコンサルタント営業を行い、通常、その会社の総務などがやっていた仕事を、TKPの営業が顧客の年間スケジュールを一緒に考え、その運営を引き受けることで、年間の契約につなげています。そして、私達が運営している「アジア経営者連合会」でのアパグループとの出会いから、アパホテルのフランチャイズ経営を10店舗しています。

今後も貸し会議室とホテル業をハイブリット化し、トータル空間プロデュース（TKP）として、付随するサービスをさらに広げていき、大きく躍進していくことでしょう。

## 菅生新のワンポイント『やる気』解説「河野貴輝 氏」

創業して間もない頃は、ネットで募集をかけても反応は薄く、自分の足で1案件1案件、地道に開拓していったそうです。こうした苦労もすぐに報われ、やがて順調に売り上げを伸ばしていき、経費削減が叫ばれていた時代にもマッチして、初年度売上1.8億円を達成しました。上場後、1年以内に時価総額が1000億を超えた注目株ベンチャーです。

イメージ

## あらゆる場面でイメージトレーニングを試してみる

「人は自分がイメージしたとおりになっていく」と私は思っています。これは私の体験です。常にイメージを心に描いていれば、そこに近づいていくことができます。たとえば、冬によく見られる挨拶に、「風邪ひいていない？」「大丈夫だよ」という会話があります。相手のことを心配している会話ですが、実は逆効果な場合もあります。風邪というマイナスの病気をイメージすることで、本当に風邪をひくこともあるからです。「ちょっと寒気がするかな」「もしかしたら風邪かな」とマイナスのイメージをしてしまうのです。このことから「病は気から」という言葉が生まれたのかもしれません。昔、私も仕事が辛くてうまくいかない頃、よく風邪をひいていましたが、脱サラして集中した三年間は風邪なんて言葉を体が忘れていたようでした。ようするに答えは「風邪で少し休みたい」から「風邪なんかひいている場合じゃない」のイメージが勝っていたのです。

ポジティブなことをイメージすれば、自然と良い方向に向かうはずです。「私はできる」「大丈夫」と心の中で言い続ければ、心も落ち着きますし、自信もついてきます。それを繰り返していけば、前向きな姿勢が身につきます。感じ方、考え方、行動において前向きという姿勢をベースにするのです。

たとえば、プロスポーツでよく使われているイメージトレーニングは、一般の人も使うべきです。「上手にプレゼンテーションしている自分をイメージ」「上司を説得する様子をイメージ」「契約をとれた瞬間をイメージ」してください。潜在意識の中に良いイメージを叩き込むのです。それらのイメージを毎日、思い描いて自然に振る舞えるように訓練するのです。

たとえば、ある野球監督が試した面白い例があります。対戦相手のエース投手が素晴らしい投手で、「あんな凄い投手は打ち崩せない」と選手たちは自信を持てなかったのです。そこで監督は、そのエースが打たれているシーンだけを編集して、選手たちに見せました。選手たちは「素晴らしい投手だが、完璧ではない」というイメージを抱くことができ、攻略に成功しました。このようなイメージトレーニングは、どのような場面でも使えます。

もし、顧客先で大事なプレゼンテーションをするなら、何度もプレゼンテーションの練習を行って、うまくいった様子を思い浮かべるのです。具体的に練習しながら、相手の聞いている様子や質問内容なども想定します。プレゼンテーションの結果、契約が締結される様子までイメージすれば最高でしょう。「練習しながらイメージする」ことを実践すれば、あなたは全力を尽くしたという自信を持つことができ、本番であがることもないでしょう。

アメリカの有名な実業家、アンドリュー・カーネギー氏は、重要な決断をするときには著名人が会議室に座っていると仮定し、それぞれの人に成りきって一人で会議を催したそうです。日本人で考えれば、パナソニックの創業者「松下幸之助」、ホンダの創業者「本田宗一郎」、ソニーの創業者「盛田昭夫」など、日本有数の経営者たちが会議室にそろっていると思うわけです。「松下幸之助氏ならこう考えるだろう。いや、本田宗一郎氏ならそうではない」などと、その人になったつもりで意見を出しながら重要事項を決定するのです。一人で行う〝**シミュレーション会議**〟というわけです。

これは個人でも使えるでしょう。何か重要な決断を迫られたら、尊敬する人物とシミュレーション会議をすればよいのです。「徳川家康ならどう考えるのか」「坂本龍馬ならこの場面はどう切り抜けるのか」「有能な父親ならどうアドバイスしてくれるのか」と言う様に考えてください。そのことで多方面から課題を考えることによって、最善の決断をすることができるはずです。

この〝シミュレーション会議〟も一種のイメージトレーニングです。工夫すればあらゆる場面でイメージトレーニングできるはずです。もっとも短いイメージトレーニングを会話の際にするものでしょう。大事な会議や会話のときには、言葉の選び方で大きく結果が変わります。ですから、慎重に言葉を選択するべきですが、なかなか難しいものです。「もし、今、『それはダメだよ』と言ったら、部下はどう反応するのだろうか」とシミュレーションしてみるのです。「この言葉を上司の立場で聞いたらどう感じるのか」とシミュレーションしてみるのです。一呼吸おいてシミュレーションすることで、最も適切な言葉を選択できるようになります。

このようにいつでも、どこでもイメージトレーニングはできるのです。タイム・マネジメントと同様に、短・中・長期とイメージトレーニングしていく習慣をつけましょう。**将**

**来をイメージできる能力は人間が持つ非常に重要な能力**です。この能力の使い方次第で、目標達成スピードに大きな差ができるはずです。

言葉

## 最も強くイメージした人が、その夢を叶える

私は、高校生のときに司馬遼太郎氏の小説『竜馬がゆく』に夢中になり、全八巻を三日で読みました。その後、坂本龍馬に関することが気になるようになり、テレビ番組、雑誌、新聞などあらゆるところで坂本龍馬のことが目につくようになりました。それまで、意識していなかったことですが、龍馬ということを意識した途端に、その情報が自分の前にてんこ盛りで現れるのです。

皆さんもそのような経験がありませんか。私は、中学生の頃、家計的にも参考書を買う余裕がなかったのですが、勉強するために参考書が欲しくてしょうがありませんでした。

参考書を入手できることを願い続けていたら、あるとき、あらゆる出版社の参考書と問題集が私の目の前に登場したのです。私の母が勤めていた百貨店の地下そうざい売り場の母の仲間の子供達が私よりも丁度学年が一つ上で、おまけに成績優秀で、後に地域一番の高校に合格していて、一年落ちの彼ら三名の参考書と問題集がおさがりでやってきたのです。学研、旺文社等、ほぼ全種類がそろいました。同じ科目が三種類ずつそろいました。おかげで中学校の三年間は、一所懸命勉強して良い成績をおさめることができました。

たとえば、歌手なら「一度は紅白歌合戦に出演したい」と思うことでしょう。紅白出演歌手の中には「昨年の今頃はみかんをむきながら紅白を見ていました。来年はあの舞台に立ちたいと思ったのです」と話す人もいます。真剣にそう思って、努力したおかげで紅白に出演できたのでしょう。強い想いがあれば、それを実現するための努力をします。あるとき努力の仕方がわかり、まっしぐらに突き進むことができるのです。

私は長い間、テレビ番組に出たいと思っていましたが、偶然、ラジオ番組にゲスト出演したことがきっかけで某番組のコメンテーターになり、後に制作会社からオファーをいただき、ラジオ番組のメイン・パーソナリティを務めるようになりました。これも不思議なことです。そしてラジオのメイン・パーソナリティを担当しているうちに人脈が広がり、サポートしてくれる人もできて、後にテレビ番組を冠番組として、東京と大阪で二つも担当できるようになりました。これもイメージの強さの一例かもしれません。私は、イメージが強い人の先着順で望みが叶えられるのではないか、と思っています。スポーツでも最後に金メダルを手にする人は、最も強く「金メダルが欲しい」と思った人なのではないでしょうか。

「そんなに強い想いは自分にはない」という人がいれば、ひとつアドバイスがあります。それは目標とする人を設定することです。誰でも憧れる人がいるはずです。「その人になりたい」と思うことです。できたら、その人のマネをしてください。服装や持ち物を同じにしてもよいでしょう。同じ本や音楽を聴いてもよいでしょう。そのようにしているうち、自分の中に明確なイメージが生まれてくるはずです。しばらくすると憧れの人のマネから、自分のオリジナルな部分が生まれます。そのとき、新しい自分のイメージを明確に抱くことによって、目標を実現する方法を見つけることができるはずです。

## 『やる気』を維持できる素晴らしい言葉を見つける

人間の不思議なところは言葉で意欲を燃やせることです。ひとつの言葉がホットボタンとなり、その人を大きく変えることがあります。言葉ということでは私はヘレン・ケラーのケースを忘れることができません。家庭教師のサリバン先生がヘレン・ケラーの片手に水を流しながら、もう一方の手に「ＷＡＴＥＲ」と文字を書きました。そのとき、ヘレン・ケラーは手に当たる冷たいものが「ＷＡＴＥＲ」という名前であることを悟ったのです。この瞬間、ヘレン・ケラーは言葉というものを初めて知り、感動します。

ヘレン・ケラーほどではありませんが、私は、相田みつをの詩の一節にあった「**うばい合えば足らぬ、わけ合えばあまる、うばい合えば憎しみ、わけ合えば安らぎ**」という言葉に大変な感動を受けた覚えがあります。この一言で、私の目の前にあった霧がなくなって、晴れ渡ったような気がしました。言葉によって素晴らしい『やる気』を得ることができたのです。

日本語には良い言葉がたくさんあります。日本の長い歴史の中で、たくさんの良い言葉が伝えられてきました。先人の知恵であり、万人の共通の想いである、ことわざや格言のことです。これらは人間に必要なことを短い言葉でまとめています。素晴らしい日本語を見直すだけで、新たな『やる気』を得ることができるはずです。

「初心忘れるべからず」

「継続は力なり」

「一期一会」

これらの良い言葉を自分のものにしてください。ことわざや格言でなくても、詩、社訓、人生訓でも何でもよいのです。短い言葉でも凄い力があります。その人のその時点において、ぴったりあった言葉があるはずです。ただし、中には間違って伝えられてきた言葉もあります。たとえば、「情けは人のためならず」は、政府の調査によれば約半数がその意味を取り違えているという結果がでています。この意味は「一時的な感情で情けをかけるのは、その人のためにならない」という意味ではありません。このことわざは、「情けは人のためならず、めぐりめぐって己がため」というのが全文で、後ろの文章が忘れられてしまいました。その意味するところは「人に情けをかければ、そのことによっていつかは自分も情けを受けることもあるでしょう。ですから、自分のためと考えて人に情けをかけてあげなさい」ということです。もしかすると、この勘違いによって、多くの人が他人に情けをかける機会を失ったかもしれません。それほど言葉というのは大きな影響を精神と行動に与えるものです。自分にあった良い言葉をためて、何かあれば思い出せるようにしておきましょう。それは一生の財産になります。

## 〝造語能力〟を高めて自分のキャッチフレーズを作る

カタカナの会社名が流行した時期もありましたが、今は日本語でストレートな名前も使われるようになりました。インターネット上のショッピングモールである「楽天」、知りたいことを聞くことができるサイトを運営する「はてな」などの企業は良い例です。企業はとにかく会社名を覚えてもらって、人々に意識してもらうことが大切です。ですから、わかりやすい会社名がやはり一番よいわけです。商品名で言えば「味の素」「ウォークマン」「ゴキブリホイホイ」などヒット商品にはわかりやすいネーミングがされています。

会社の名前には、創業者の個性や感性が反映されています。ベンチャー起業家にはアイデアマンが多く、素晴らしい言葉を発明される方がたくさんいます。私は、そのような能力を**〝造語能力〟**と呼んでいます。ベンチャー起業家に出会って名刺交換するとき、珍しい名前の会社ですと会社名の由来を聞くことから始まります。ネーミングには事業家の企業理念や想いが集約されています。なぜ、ベンチャー起業家に高い〝造語能力〟があるかというと、これまで世の中にない新しいことを始めるためには、新しい言葉が必要になるからです。**新しいことを始めるために自分自身の言葉を見つけなければなりません。**それは必然から生まれる言葉なのです。その言葉を見つけたとき、ベンチャー起業家は新たなビジネスに乗り出すことができるのです。

会社でなくてもプロスポーツ選手には、キャッチフレーズを持っている人がたくさんいます。中でも「燃える闘魂・アントニオ猪木」はあまりに有名です。「燃える闘魂」はアナウンサーが命名したものだそうですが、本当に猪木選手を的確に表現した素晴らしいキャッチフレーズです。このキャッチフレーズによってアントニオ猪木選手の人気はますます高まったのではないでしょうか。また、アントニオ猪木選手自身も自分のイメージをさらに固めることができたでしょう。

キャッチフレーズによって、自分のキャラクターを豊かなものにすることができます。一言で自分を表現できれば、自分の方向性を明確にすることができるでしょう。その言葉を見いだしたとき、新たなイメージが自分の中に生まれるはずです。私の場合ですと、「サクセスファイターの菅生」という自己紹介もありますが、実は「『笑い、集い、感謝』の菅生」という紹介をしたいと思っています。私は独立したときに、『笑い、集い、感謝』を自分のキャッチフレーズと決めました。この三つを自分の重要なテーマとして常に意識していくことにしたのです。この言葉を見つけたとき、私は自分の方向性がさらにはっきりしたことを自覚しました。

素晴らしいキャッチフレーズが見つかれば、そのキャッチフレーズにふさわしい自分になろうという『やる気』が生まれます。「燃える闘魂」のような素晴らしいキャッチフレーズはなかなか考えつきませんが、自分に合ったキャッチフレーズを考えてみてください。

ピタッときた言葉を見つけられれば、言葉の力を実感することでしょう。

## 映画タイトルに学ぶ『やる気』が出る言葉

一九八二年に公開され大ヒットした、原題が『An Officer and a Gentleman』という映画があります。日本語に直訳すると『士官と紳士』ですが、これが日本で封切られたときのタイトルを知っていますか。ご覧になった方も多い映画だと思います。実はこれは『愛と青春の旅立ち』という映画です。このタイトルのおかげもあって、日本では大ヒットとなりました。私はタイトルの勝利だと思っています。このタイトルは日本人の好きな「愛」「青春」「旅立ち」という三つの言葉を並べたものです。ズルイと言えばズルイネーミングですが、時代にぴったり合っていたのです。

一九九四年に公開された『フォレストガンプ／一期一会』という映画タイトルもうまいネーミングでした。原題は主人公の名前をそのまま表記した『Forrest Gump』。そこに

「一期一会」という映画の内容をうまく表現した日本語を付け加えたのは大成功でした。「一期一会」というタイトルのとおり、純粋で少し障害のある青年が、さまざまな出会いを重ねながら成功していく姿を淡々と描いた映画ですが、その出会いのすがすがしさに感動を覚えます。トム・ハンクスの見事な演技もあり、映画は大ヒットしました。この「一期一会」というタイトルが、集客に一役買ったのではないでしょうか。

アメリカで公開されてヒットしなかった映画なのですが、日本でヒットしたために続編では日本用の映画タイトルが採用された珍しいケースがあります。シルベスター・スタローン主演の『ランボー』です。アメリカでは『First Blood』というタイトルで封切られたのですが、ヒットしませんでした。日本では主人公の名前をそのまま使った『ランボー』というタイトルで公開したところ、大ヒットしたのです。『ランボー』というタイトルが、日本語の「乱暴」と語感が似ており、映画自体も戦闘場面の多い〝乱暴な〟ものだったことが観客にわかりやすかったのでしょう。『First Blood』を直訳すると『最初の鮮血』ですが、このようなタイトルでは日本ではヒットしなかったでしょう。

映画のタイトルを見ていくだけでも、言葉のインパクトというものがわかります。少し言葉を変えるだけで大きく印象が変わるものです。タイトルを変えるだけで、失敗作が大ヒット作になると思うと、少し怖い気さえするほどです。でも、それが言葉の力です。ぜひ、言葉を大事に使い、自分自身の言葉を見つけて造語能力を高めてください。

## 考える力を身につける映画勉強法

さて、映画の話題に触れましたが、皆さんは映画を観ていますか？　観る時は一人で？　それともご家族と？　映画を観る時は、一人ではなく是非、ご家族と一緒にご覧になってみてください。そして、出来ることなら映画館で観てください。映画館の中なら、電話やメール、急な来客など、邪魔が入ることもなく映画に集中できるので、オススメです。

そして、映画を観終わった後には、必ず家族で意見を述べ合うことが重要です。「面白かった」「感動した」「かっこ良かった」といった、ただの感想ではなく、「こういう見方もあるよね！」「自分ならこうしてみたい！」など、感じたことや考えたことを具体的に挙げてみて、話し合ってみてください。そこには、家族の今まで知らなかった価値観が見えてくるはずです。

映画は、家族で価値観のすり合わせをするには、とても良いきっかけになります。家族といっても、価値観の違い・格差はあって当たり前で、考え方や感じ方は人それぞれ。普段一緒に暮らしていても、お互いわかっているようでわかっていないことの方が多いものです。相手の意見や感じたことを聞き、自分の意見も踏まえ、相手が何を感じているのか、自分はどう思うのかを、咀嚼することが大切なのです。家族が考えていることのすべてを知ることは難しいですが、意見の交換をしていくことで、少しずつでも相手のことを理解していき、分かり合っていくのではないでしょうか。

ミュージシャンや起業家にも映画好きな人は多いですが、総じて言えることは、そういう人たちに限って、しっかりと深く物事を考える思慮深いタイプの人が多いということです。やはり、いろんな映画を観ている人は、いろんな見方、考え方が出来る人が多いように感じます。映画を観るごとに、人生体験を積み重ねているのだと思います。

とはいっても、映画をたくさん観ればいいというわけではありません。映画を「観る」

ことが重要なのではなく、観て「感じる」ことが大切なのです。映画を見て、「どう感じたのか」「自分の人生にどう生かすのか」を考えることが重要で、誰かと話し合うこと（アウトプット）までが「映画を観る」ことなのです。

我が家でも家族で映画を観に行くことがよくありました。以前は妻や息子と一緒に週に一回は映画を観ていたと思います。そして、芝居や映画を観た後には、それぞれが感想を言い合うのが我が家の恒例行事です。最近はなかなか忙しいこともあり、一緒に映画を観る機会も減りましたが、それぞれ別の日にでも同じ映画を観た時には、後日、感想を言い合っています。

息子の批評はとても論理的で、父親の私も舌を巻くほどです。作品についての感想は、「楽しかった」「おもしろかった」などという安易で簡単な表現はしません。なぜ自分はそう感じたのか、自分ならこうしてみたいなどと、かなり踏み込んだ意見をいって盛り上がります。私の問いに、いつもちゃんとした答えがあり、その答えにはものすごいリアリティがあります。

菅田将暉は、どんな映画に対しても、彼自身の目線があり、明確な答え（感想）があります。そうした答えをはっきりと語れるからこそ、役者としてどんな役でも演じることが出来るのだと思います。

映画は、家族で価値観のすり合わせをすることが出来、そこでお互いの個性を理解し、なおかつ考える力を身に付けるのに最適な教材となります。是非、ご家族で映画勉強法を実践してみてください。

ベンチャー経営者『やる気』事例

# ビジネスの世界に通用する成功の5原則 ——似鳥昭雄氏

株式会社ニトリホールディングス
代表取締役会長

「お値段以上ニトリ」のキャッチコピーでもお馴染み、株式会社ニトリホールディングスの似鳥昭雄会長は、メディアに登場する機会も多く、ご存知の方も多いのではないでしょうか。

現在の時価総額は1兆5千億円を超え、30年連続増収増益を誇る超優良企業ですが、もともとは似鳥会長が23歳の時に、北海道札幌で似鳥家具店を創業。創業当時は、いつもにこやかな現在の似鳥会長からは想像もできませんが、接客が苦手だったそうで、奥さんが接客を担当し、似鳥会長は奥さんのそばで接客の様子を見ていたそうです。似鳥家具店は、創業からほどなくして徐々に売り上げを伸ばしていき、2店舗目も出店するまでに成長していきます。

しかし、この2店舗目を開店する時に似鳥会長最大のピンチを迎えます。2

店舗目を出した直後に、事業に行き詰り、よもや倒産の危機に直面。当時、近隣に大手家具店が開店したため、そちらにお客さんを取られてしまい、急激に売れ行きが落ち込み、路頭に迷う寸前にまで業績は落ち込んでしまいます。似鳥会長27歳の頃で、自殺も考えたそうです。

似鳥会長はこの最大のピンチに、「どうせダメなら最後にアメリカを見に行きたい」と決意し、家具業界向けの研修セミナーに参加するため渡米します。当時、アメリカの家具店で目にしたものは、リビングや寝室、キッチンなど、部屋ごとにテーブルやソファ、カーペットなどが設置されたとても魅力的な展示販売でした。価格の安さ、品質、品ぞろえにも驚き、大きな衝撃を受けたそうです。まだ日本では、家具の種類も少なく、ただ家具が整然と並び置かれているだけの店舗が多く、展示販売する店など皆無でした。

今では当たり前でも、この当時としては斬新なアメリカの販売方法を知った似鳥会長は、帰国後、早速、見よう見まねで展示販売を開始し、部屋のトータルコーディネートの提案を行っていきます。

この展示販売がきっかけになり、大手家具店から徐々にお客さんが戻り、傾きかけていた経営も持ち直したそうです。

いまや飛ぶ鳥を落とす勢いのニトリ。国内の家具店では一人勝ちの状態が続いていますが、会長自らも商品開発に携わり、魅力ある商品を作り出すために、社員の教育費と商品開発費はおしまない企業姿勢を貫いています。いつお店に行ってもお客さんを飽きさせない商品と店舗の空間づくりも心掛けています。

似鳥会長とは接する機会も多いのですが、とても人懐っこい性格で、自然と人が集まってくる人望の持ち主でもあります。様々な業界に知り合いも多く、人脈の広さにも圧倒されます。こうした人望も含め、とてつもなく大きな志を持った似鳥会長は自らの著書で成功の5原則を挙げています。

成功の5原則として挙げているのが、「ロマン」「ビジョン」「意欲」「執念」「好奇心」です。この原則は、どうすれば成功できるか、ニトリの社員に示すために考えられたものですが、ビジネスの世界で広く通用する原則といえます。

この5原則の中でもいちばん大事なことは、「ロマン」を抱くことで、そして

2番目に大事なことは、「ビジョン」を持つことだといいます。

「ロマン」を抱くことは、世のため、人のために、人生をかけて貢献したいと考えることで、「ロマン」を持つことと、その先をイメージすることの大切さを教えてくれています。

そして、「ロマン」を実現するために大切なことが、「ビジョン」を持つことです。「ビジョン」とは、長期の目標のことで、期限を含めた具体的な数値目標のことなのだと言っています。しかもそれは達成するのに難しい大きな数字でなければいけないとも語っています。

その挑戦に必要なのが「意欲」であり、目標をあきらめない「執念」が必要であり、あらゆる方法を考えていく「好奇心」が必要なのだと結んでいます。

**菅生新のワンポイント『やる気』解説「似鳥昭雄 氏」**

「ロマン」や「ビジョン」の大切さの話になりましたが、ちなみに似鳥会長本人も、とても好奇心旺盛でロマンがあります。歌好きがこうじて「ホリプロ」ならぬ「トリプロ」をつくり、事務所所属歌手「ニトリ アキオ」として歌もリリースしています。

演出

# 自分のコンテンツすべてを利用してアピールする

造語能力のような感性に加えて必要なのがパフォーマーであることです。たとえば、経営者であれば投資家、証券会社、アナリストなどに向かって、プレゼンテーションをしなければいけない場面は必ず訪れます。ここでミスをしてしまったら、受けられるべき融資や投資も受けられなくなることもあるのですから、経営者は命懸けです。株式上場を果たしたベンチャー起業家が振り返って次のように話してくれたことがあります。

「上場を目前にしてアナリストにさまざまなことを突っ込まれていくうちに、全ての質問に上手に答えられるようになってきました。その中で自分の会社、自分の仕事、そして自分自身のことを客観的に見られるようになってきた。それはまるで千本ノックのような感じでした」

これは会社の経営者が自分の会社をアピールするケースですが、個人が仕事をする際も同じ事です。「何ができるのか」「どのような経歴なのか」「性格はどうなのか」ということを説明して、自分のことをアピールしなければいけません。

どのような人がベンチャー起業家に向いていますか？ とよく質問されるのですが、それには **〝自己のアピールと演出の出来る人…営業マン〟** と答えています。

以前、私が主催しているベンチャー起業家の勉強会では、それぞれの独立時、つまり脱サラ前の話しで盛り上がりました。多種多様の業界のベンチャー起業家なのですが、やはり皆、一人残らず、元トップ営業マンだったのです。そして、それぞれ当時の仕事の工夫や苦労した武勇伝でも話が盛り上がりました。業界の延長線での独立者もいれば全然畑違いの業種で成功している人もいました。経営には、〝人・モノ・金〟の三要素が必要なのですが、最初は〝夢〟という資本しかないのですから、立ち上げ時には凄い熱意の営業力が必要なのです。この短期間に事業を成長させて伸びてきたベンチャー起業家は、やはり会社と商品をアピールするナンバーワン営業マンとしての自分を自覚・自負しているのです。

そして、私が思うに、ニッチなビジネスモデルやオリジナルなアイデア商品を武器にアピールし続けたベンチャー起業家はおそらく引退するまで営業マンであろうと思うのです。新しい会社や商品、ビジネスモデルを得たら自己アピールにストーリー性をつけて演出し訴え続ける**「永遠のトップ営業マン＝ベンチャー起業家」**なのです。

私の場合は、高知県出身であることをプロフィールに書いてアピールしてから大きく人脈が広がりました。高知県人会にに招かれて講演することができ、知事にもお会いすることができました。ジャーナリスト達の世直し舞台劇では、ジョン万次郎役も頂き、高知県出身をアピールするだけで、驚くほどのセールス効果があったのです。故郷というのは、やはり人間にとって大きなものだということを実感しました。

出生地だけでなく、名前、母校などが同じであれば親近感が湧きます。また、自分がこれまで経験してきたことは、自己アピールにすべて利用できます。**経験したことは、すべて自分のコンテンツ**なのです。自分が好きなこと、打ち込んだ趣味やスポーツ、好きな映画やテレビ番組、尊敬する人、好きなお酒、何でもよいのです。たとえば、「韓国ドラマが好き」でもよいわけです。

どこで、何によって、どのように人と結び付くかは誰にも予想できません。どのようなことでも共通の興味、話題があれば、あっという間に親密になることができるのです。たとえば、「元暴走族」「元貧乏」でもよいわけです。過去に経験したことはすべて利用できます。自分がやってきたことすべてが話題のフックになるのです。何もよい話題がなければ派手な名刺でアピールしてもよいでしょう。好感をもたれるために、大きな声で返事をするのもよいですし、素晴らしい笑顔でもよいわけです。とにかく覚えてもらうために努力すべきです。その努力は絶対に何らかの形で、成果となって現れるはずです。

自己アピールは、謙譲を美徳とする日本の文化においては必ずしも良しとはされてきませんでした。しかし、個人の人間力、セールス力が評価される時代になり、自分の良いところを積極的に伝えるために自分のアピールできるポイントを常日頃から意識する、という日常での訓練が重要になってきています。ぜひ、**自分のコンテンツすべてを洗い出して、アピールポイントを箇条書き**してください。そこから、自分を演出する方法を考えればよいのです。

## このサービスに市場性があると確信していた――中村利江氏

夢の街創造委員会株式会社
代表取締役社長

日本最大級の宅配ポータルサイト「出前館」で有名な会社で、大手宅配チェーンや地域密着の個人店だけでなく今や大手外食チェーンも続々出店している出前サイトのパイオニア。加盟店舗は約1万6千店以上もあります。

日本古来の出前という文化をIT化させた会社で、ピザなどの出前の定番メニューに加え、グルメバーガーやお鍋など幅広いジャンルの店も出店。届けて欲しい郵便番号や住所を入力すると、その場所に出前可能な店が一覧で表示され、そのまま注文・決済まで出来る便利なサービスを展開しているのが、夢の街創造委員会株式会社です。

中村社長が2代目として経営を任された当時、同社は3億円近くの負債を抱えていました。従業員に支払う給料のお金もなく、夫に内緒で保険を解約し、お金を借りて給料を払ったこともあったそうです。なぜそこまでできたのか？

中村社長は、

「このサービスには絶対に市場性があると確信していた」

と言います。

まだまだ経営が安定していなかった時期に、事業の運営資金を借りようと銀行に相談したところ、銀行の担当者は、事業計画の話はそこそこに、「怪しい名前の会社ですね」「社長は女性だしダメになれば逃げるんでしょ」というようなことを言われたそうです。このことがきっかけとなり、「なにくそ！」と奮起し、何事にも頑張ってこられたのでした。

その後、中村社長は組織やサービスの仕組み改善を徹底的に行い、ついに黒字化を達成、株式上場も果たしました。ひどい仕打ちを受けたあの時の銀行のトップがやってきて、「素晴らしい会社ですね、これからは女性トップの時代ですね」と手のひらを返し、すり寄ってきたそうですが、その銀行との取り引きは丁重にお断りしたそうです。

「夢の街創造委員会」という社名には、あったらいいなと思う「夢の街」を実現しようという想いが込められ、「創造」という言葉にはゼロから創造していくという意味があり、「委員会」には、学校の委員会活動の様に、社員が様々なプロジェクトに挑戦し、イキイキと活躍できるような風土にしたいという想いが込められているそうです。

今では「出前館」以外にも同様のサービスを行っている企業もありますが、「出前館」はこのサービスのさきがけであり、長年培ってきた信頼もあり、一人勝ちの状態。その背景には、「W−I−N-W−I−N-W−I−N お客様にも社会にも自らにもプラスになることを創造する」を同社の行動指針としていることにあります。「出前館」サービスの場合、お届けまでの時間表示や加盟店の質の向上など、「出前館」を利用する人にとっての利便性を追求。また加盟店の立場にもなり、飲食店にとって一番よい受注方法を考案しました。

「出前館」では注文を受けると、契約店舗にFAXで注文内容を送っています。これは昔ながらの中華料理店やそば店など、パソコンやタブレットなどの情報端末に不慣れな店主でも扱いやすいようにするためです。また「出前館」は、チラシのポスティングより、低コストで高い効果が期待できるため、加盟店から高い評価を得ています。

そして、最近では朝日新聞社と資本・業務提携し、地域密着の新聞店の配達員などが出前配達を担う「シェアリングデリバリー」が始まりました。配達する人がいない飲食店の足となり、配達代行も行っています。

「出前館」の恩恵にあずかっている店も多く、売り上げ不振でお店をたたもうとしていた大阪のインドカレー店が、「出前館」に入った途端に、注文がたくさん入るようになり、店をたたまずにすんだという話や、個人店でも月間の注文件数が2000件を超える店舗もあると聞いたことがあります。昨今は、女性の社会進出の増加などを背景に、働く女性の利用も目立ち、「出前館」の注文件数は年間1900万件以上、流通金額は500億円近くに上ります。

様々な仕組みを構築してきた「出前館」は、今後も加盟店と利用者双方の使いやすさを一番に考え、サイトの魅力を高め続けていくことでしょう。

## 菅生新のワンポイント『やる気』解説「中村利江 氏」

中村利江社長は、富山県出身で大学在学中に学生企業家として事業を立ち上げ、大学卒業後はリクルートに入社。入社1年目でトップセールスとなったナンバーワン営業ウーマン。とてもパワフルで強い信念を持った女性社長です。

## システムやサービスに対して
## お客さん目線を忘れない

武永修一氏
株式会社オークファン
代表取締役社長

「ヤフオク！」や「モバオク！」など、数々のオークションサイトや、「楽天」や「Amazon」などのショッピングサイトのデータを収集し、それら約680億件以上のデータから相場を検索することができる日本最大級のショッピング・オークション相場検索サイト「オークファン」を運営しているのが、株式会社オークファンです。

「オークファン」は、お得に買いたい・売りたいという個人や企業などが利用しているポータルサイトで、月間約1300万人が利用しています。

「オークファン」の一番の強みは、プレミアム会員になると、過去、約10年間のオークションの相場価格の検索やカンタン出品ツールなど、便利な機能が使えることで、リサイクルショップやネットオークションのヘビーユーザーなどにとって、マストアイテムになっています。

創業当時は、武永修一社長とメンバー3人で「オークファン」を運営し、知り合いの会社のオフィスを間借りしていたそうです。それが6年後には東証マザーズに上場を果たしています。

事業を始めたきっかけは、京都大学在学中に、自分のパソコンを売ろうとネットオークションに出品してみたところ、予想外の高い金額（約4倍の金額）で競り落とされ、「これはビジネスチャンスがある」とその可能性を見出し、まだまだこれからという時代のオークションビジネスに参入します。

起業のための資金は、リサイクルショップや問屋などで安く仕入れたブランド品などを、ネットオークションで販売し、年間数億円以上の売り上げを出すなど、この時の資金で会社を設立します。

「本人がいらないものでも、第三者が欲しがる価値の高いものがある」
「価値の高いものが家の中に山ほど埋もれている」
「ネットオークションは私たちの生活に必ず浸透する」

「ネットオークションの情報も必要不可欠なものになってくる」

正確で公平な情報は必ず必要であるし、ユーザーにとってその価値は高いものだと確信した武永社長は、市場の公平性を追求する「オークファン」のビジネスモデルを確立していったのです。

現在は「オークファン」の運営の他に、日本最大級の問屋・仕入れ・卸・卸売の専門サイト「ＮＥＴＳＥＡ」や、メーカーの余剰在庫や返品、型落ち品などの流動化を支援する「リバリュー」など１００％子会社の株式会社シナビズによる運営も行っています。なお、２０１７年末には、通販事業を展開するネットプライスや、卸サイトの楽天ＢｔｏＢを買収し事業を加速させています。

なかでも「リバリュー」は、メーカーが抱える22兆円とも言われる余剰在庫などに目をつけ、そういった商品を買い取り、メーカーの既存の販売ルートを棄損しない形（ノベルティ、宣材商品など）で販売してくれる会社に購入してもらうことも出来るので、メーカーは安心して在庫処分ができるというサービスを提供しています。

IT企業の中には、このシステムやサービスなら便利だからユーザーはすぐに使うだろうと、深く考えずに、新しいサービスを開始する企業もあるのではないかと思います。

でも、どんな商売でもそうですが、やはりお客さんの顔をちゃんと見ていなければダメなのではないでしょうか。「自分がお客さんだったらこのシステムやサービスなら絶対使いたい」と言えるものでなければ、そういったものをリリースするべきではありません。

「オークファン」は、もともとオークションが大好きで、ネットオークションのヘビーユーザーだった武永社長が興した事業です。ヘビーユーザーで、お客さん目線を忘れなかったからこそ、「オークファン」のシステムやサービスは、より使いやすく便利に進化していき、今も多くの人に利用されるものになっているのだと思っています。

## 菅生新のワンポイント『やる気』解説「武永修一氏」

2007年、当時、私は「ドリームファイター」という経済トーク番組をやっていました。この番組に出演する企業のトップは、まだまだこれからという企業もありましたが、ほとんどは、その業界で名の知れた企業ばかりでした。そんな番組に出演してもらったのが、若き日の武永社長です。この当時の株式会社オークファンは、オフィスは間借りで社員は1人だけの会社で、私の番組には見切り発車ベンチャーで出演したようなものでした。それが今では、東証マザーズに上場し、注目のIT企業へと成長しています。本当に感慨深いものがあります。今後、さらなる飛躍を期待しています。

# 第四章　楽しみながら『やる気』を高めるヒント

## 成功への第一歩は〝仕事を楽しむ〟ことから始まる

人は仕事をするからには何らかの能力を身につけて、プロフェッショナルになりたいものです。プロフェッショナルになるためには大変な努力が必要となりますが、その努力を続けるために『やる気』を維持しなければいけません。一流になった成功者が、どうして『やる気』を維持し続けられるかというと、そこには快感があるからです。最初にひとつの小さな成功を手に入れたとき、それが彼らの脳に快感となって刻まれます。その快感がさらに彼らを前に進ませるのです。

たとえば、イチロー選手は努力を続けて、自分のバッティング技術を手に入れましたが、その努力を続ける源泉はやはり快感です。うまく打てたときの快感が彼を動かしているのです。練習を続けるうちに、微妙な体の動きとバッティングの関係がわかるようになり、その学びが快感になります。これがとても大事なことです。快感という報酬が『やる気』になっているのです。その快感という報酬が時間的にかなり先だとしても、とても貴重なものであれば人間は努力を惜しみません。

スポーツだけではなく学問の世界でも同じです。世の中には大学教授のように〝勉学〟や〝研究〟を仕事にする人がたくさんいます。「勉強などせず遊んで暮らしたい。学問を仕事にするなんてバカバカしい」と思う人もいるでしょう。ですが、大学教授たちは勉学や研究をすることが楽しくてしょうがないのです。勉強することが快感なのです。人に評価されるということもあるでしょうが、本質はそこにはありません。学問自体が面白いのです。難しい数学の方程式に取り組む事そのものが生き甲斐なのです。

仕事中毒で、毎日仕事をするのが楽しくてしょうがない人もいます。とくに優秀な経営者は、仕事を楽しんでいます。ベンチャー起業家の方々にインタビューすると皆さんが「仕事が忙しくてゆっくりできる時間がないよ」と答えますが、実際のところは忙しく働くことを心から楽しんでいます。社会的、経済的に恵まれて、そのうえ楽しいのですから一般人からすればうらやましい限りです。

でも、そのような人は特別な存在ではありません。誰でも同じように仕事を楽しめばよいのです。そのためには仕事へ積極的に取り組む姿勢を持つことです。**楽しく仕事をする**

**イメージを持ち、どのような工夫をすればよいか考えましょう。**逆から考えれば、「どうせしなくてはいけないことなら、楽しくしよう」と思って工夫することです。その工夫を考えること自体を楽しむことから始めましょう。自分の仕事を上下左右、さまざまな角度から見ることで新たな工夫ができるはずです。そこで、ここでは『やる気』をあげるための、また、仕事を楽しむためのヒントをいくつか紹介しましょう。

## 仕事と自分の夢を重ねることで『やる気』を高める

ベンチャー起業家は、どなたもエネルギッシュです。エネルギーを周囲に放射しながら動いています。そのエネルギーは、一般的なサラリーマンと質が違います。なぜなら、**ベンチャー起業家は、自分の夢と会社の仕事がリンクしているからです。**仕事と自分の夢が、皆既日食のように重なっているから無駄がありません。自分の夢に一直線に進んでいるからストレスがたまりません。だから、ベンチャー起業家は疲れを知らず、いつもエネルギッシュでいられるのです。

多くのサラリーマンが飲み屋で愚痴を言うのは、自分の夢と会社の仕事に大きな隔たりがあるからでしょう。自分の夢と会社の仕事を合致させないとストレスがたまります。ですから、最低限でも仕事に自分の夢を重ねるようにして楽しいものにすべきです。仕事には必ず楽しい面があります。あなたの自己実現に必ず役立つ面があるはずです。仕事で培ったノウハウや仕事で得た経験を、自分の夢に重ねることができたら積極的に仕事に打ち込めます。会社の仕事と自分の夢をなるべく重ねていって、実現したときのシミュレーションをします。イメージを描いてタイム・マネジメントするのです。時間、イメージという二つを脳に刻めば、そのとき、あなたの中にオリジナルな〝成功〟という二文字が生まれるはずです。

自分の夢と会社の夢をリンクさせる

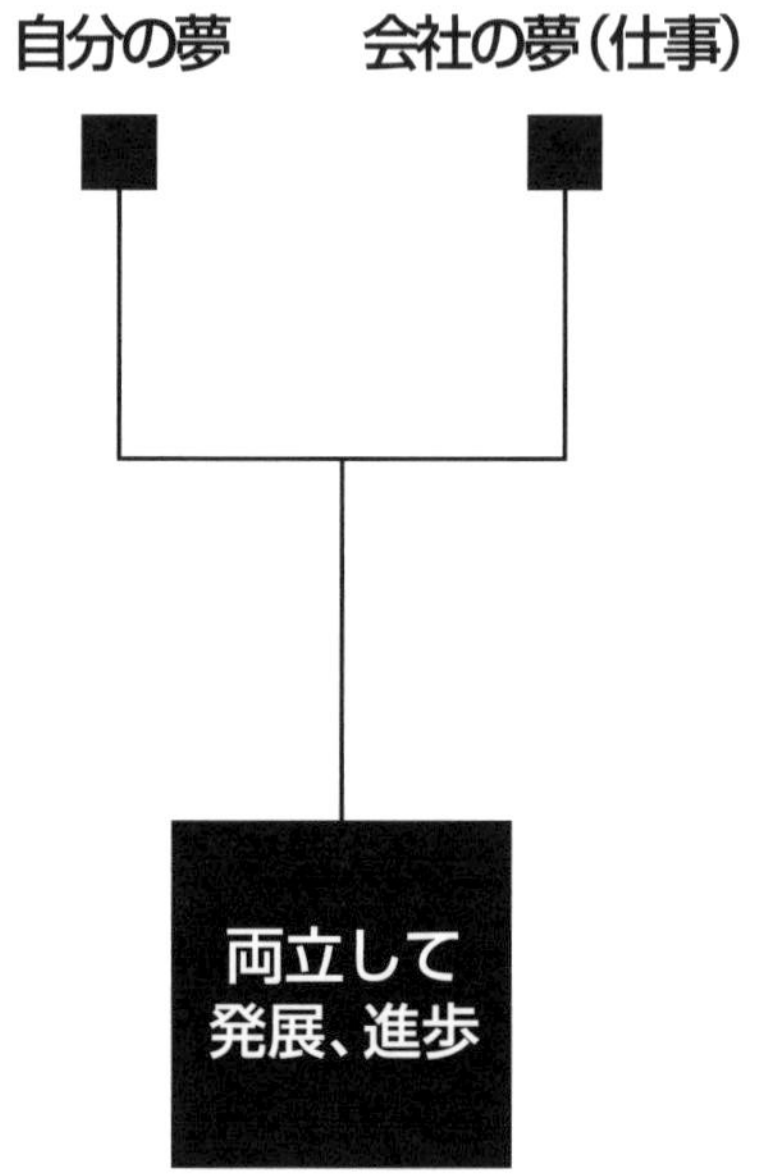

## ワンランク上から考えれば課題は解決できる

仕事をするときに大事なことはワンランク上から仕事全体を見ることです。自分の立場のみから仕事を見るだけでは、十分な仕事をこなしきれない事が多々あります。ワンランク上から仕事を見るとは、自分が係長なら課長の立場から仕事を見るということです。たとえば、業績が伸びている企業の社長は、会社のことだけを見ていません。市場を伸ばそうと業界全体のことを考えています。業界全体の売上が伸びたら、業界に良い人材も来ますし業界の社会的地位も上がり、もっと認知そして評価されるようになります。業界全体の市場規模が広がり経済界の中心となり、その企業自体の業績も自然と伸びるのです。また、会社のナンバーツーである副社長や常務は、会社の経営を社長になったつもりで考えます。そうすれば経営会議においても、社長の視点から会議に参加することで、責任に裏づけされた大きな成果を得ることができるはずです。

ワンランク上の立場から考えることで、自分のすべきことが見えてきます。社長は業界の立場で、部長は役員や社長の立場で、課長は部長の立場で、平社員は係長の立場で考えればよいのです。若手や新人が多い営業マンの前には、会社にとって重要な顧客がいます。顧客がワンランク上の営業マンになって、その会社や商品、そして営業マンを宣伝してくれる構図が伸びている会社です。今、この仕事で何を満たせばよいのか、ワンランク上でシミュレーションし戦略を考えれば、自分の方向性がはっきりわかるようになります。そうすれば、仕事全体を俯瞰《ふかん》でき仕事もスムーズに進むでしょう。

この考え方は会社に属していなくても同じことです。クライアントの望むものは何なのか、顧客の望むものは何なのか、と考えればよいわけです。これは人間関係でも同じです。家庭において、奥さんの立場に立つ、子供の立場に立つことができれば、多くの誤解や軋轢《あつれき》はなくなります。

## ファンの大切さを映画『三十四丁目の奇跡』は教えてくれる

『三十四丁目の奇跡』という映画をご存じでしょうか。デパートに勤めるキャリアウーマンとその娘、それから本物のサンタクロースが主役の映画です。一九四七年に一度制作され、一九九四年にリメイクされました。クリスマス商戦のデパートが舞台の映画です。販売促進のためにデパートはサンタクロースを雇いますが、それが本物のサンタクロースだったので様々な出来事が起こるというファンタジーです。

その映画の中に面白いシーンがあります。子供たちがサンタクロースに会うイベントが開催され、デパートに雇われた本物のサンタクロースは子供たちの質問に答えます。「かえるのおもちゃが欲しい」と少年がサンタクロースに尋ねると、サンタクロースは「よい子にしていたら、買ってもらえるよ」と答えます。しかし、その親は「それは高いからだめよ」と言います。そこでサンタクロースは「隣のデパートではセール品になっているから安いよ」と紹介します。親はそれを聞いて喜びますが、その様子を見ていたデパート側は「おまえは誰に雇われているんだ」とサンタクロースに怒ります。

でも、お客さんは「あなたのデパートは凄いわね。お客のことを考えてくれているわ。私はここのファンになるわ。これからここで買うわ」とデパートの担当者に言います。サンタクロースの言葉によって〝お客〟が〝ファン〟になったのです。お客さんがファンになれば、ファンがお店を支えてくれます。ファンである、お客さんが新たなお客さんを連れてきてくれるでしょう。これはビジネスの重要なエッセンスと言えます。常にお客のために行動すればお客はファンという、店や会社をティーアップしてくれる営業マンとなり商売は必ず繁盛するということです。**第三者がポリシーや心構えを伝えて紹介してもらえること**はビジネスにとってこの上ないことです。

これは個人にも通用することです。あなたのファンが増えれば、それだけあなたの生活は潤います。あなたの知人ではなく、あなたのファンをたくさん作ることです。それができれば、あなたはすでに成功していると言ってもよいでしょう。ある人の言葉だったり、紹介によるチャンスだったり、パーティーでの出会いだったりしますが、すべてのきっかけは人が運んでくるのです。ですから出会いを本当に大事にして、あなたのファンを作ってください。人は刺激になり、人が呼び水になります。成功は人が運んでくるのです。周囲の人々はあなたのアンテナであり、あなたの鏡です。常にあなたの周りの人の〝質と量〟の変化を追い求めてください。

## 心をオープンにしなければコミュニケーションは始まらない

良いコミュニケーションをするためには心をオープンにしなければいけませんが、それはとても難しいものです。私たちは、無意識のうちに自分を隠してしまう傾向があります。そのようなクセをなくすことが、心をオープンにする第一歩になるでしょう。心をオープンにするとは思ったことを口に出すことではありません。

まず他人が自分に話しかけやすくするようにしましょう。そして、他人の話をよく聞くこ

ジョハリの4つの窓

| 周囲の人が ＼ 自分自身が | 知っている | 知らない |
|---|---|---|
| 知っている | **明るい窓**<br>自分も分かっており<br>他人も知っている自分 | **盲目の窓**<br>自分は気づいていないが<br>他人が知っている自分 |
| 知らない | **隠された窓**<br>自分には分かっているが<br>他人には分からない自分 | **未知の窓**<br>自分も他人も<br>気づいていない自分 |

とです。自分の不得意なことや弱点をオープンに話してしまうことで、自分から心を許すように心がけましょう。一度、そのように心を開けば、同じように相手も心を開きます。

人が自分自身に持つイメージと、他人が自分を見るイメージの間には差があります。つまり、他人は自分が想像もしないようなイメージで見ているのです。普段、それはわかりませんが、何かをきっかけにして気づくことがあるはずです。「え、そんな風に私のことを思っていたのか」という感じです。自分では「ユーモアがある」と思っていても、他人は「いつも気むずかしい」と思っているかもしれません。その差が大きいほど、コミュニケーションはうまくいきません。

その最も大きな原因は無意識にしている動作や言葉づかいにあります。また、無意識のうちに生まれる感情にあります。ですから、無意識の行動に気づくことによって修正することができます。無意識を意識化することによって、自己イメージと他人が持つイメージを近づけることができるのです。二つのイメージがほぼ一致すれば、あなたは自然に振舞うことができるでしょう。

これと同じような考え方を図解してわかりやすく解説したのが、「ジョハリの窓」です。

アメリカの心理学者ジョセフ・ルフトとハリー・インガムが一九五五年に発表した対人関係や自己認識に関する理論です。難しくはありません。「ジョハリの窓」には、図のように「開放された窓」「秘密の窓」「盲目の窓」「未知の窓」という四つの窓があり、それぞれの窓の大きさによってタイプを分けます。窓の大きさは自分自身が知っている部分の大きさと、他人が知っている部分の大きさによって変化します。

自分自身について知っていることと、他人が自分について知っていることが多ければ多いほど、その人はオープンであるといえます。つまり、Aの「開放された窓」が大きいほど、その人はオープンな心を持っており、親しみやすい人であることがわかります。このAの「開放された窓」を大きくすることで人は成長できるでしょう。

そして、自分も知らないし、他人も知らない「未知の部分」を開拓しなければいけません。簡単に言えば、〝知らない事すら知らない〟ことに気づくのです。これは無意識の部分であり、未知の才能が眠っている部分でもあります。これを開拓するには、これまでと違った行動をする必要があります。新たなことにチャレンジすることで、自分の知らない部分を見いだすのです。行動して自分や他人の反応を知ることでしか、「未知の部分」を理解できません。行動しかないのです。もし、今よりも自分のレベルを向上させたいと思ったら、自分のカラに閉じこもらず、自分をオープンにして積極的に行動してください。そのとき自信を無くしたり、失敗したりするリスクはありますが、それを乗り越えることでしか、人は成長できません。ジョハリの窓を参考にして、自分はどのようなタイプなのか考えてみるのもよいでしょう。

## 相手が百人いれば百通りのコミュニケーション方法がある

ＳＭＩ（サクセス・モチベーション・インスティテュート）という会社が世界八十カ国以上に販売している教育プログラムをご存じでしょうか。アメリカ人のポール・Ｊ・マイヤー氏が開発した教育プログラムで世界的に有名なものです。主に経営者が自己啓発のために利用することが多いものですが、現在は幅広い分野で利用されています。私は二十代の薬品会社に勤務していた頃からこのSMIプログラムの勉強をしており、ポール・J・マイヤー氏に傾倒していました。そこで、三十歳で薬品会社を退職してフリーになったとき、SMIプログラムのエージェントとしてセールスを開始したのです。

私は、飛び込み営業や電話セールスは得意ではなかったので、セミナーを開催して人を集めることにしました。心構えが前向きで関心のある人に来てもらい、一緒にプログラムの勉強をしながら、自然と私がプログラムの内容を丁寧に説明するのです。最初は数人から始まったセミナーも、紹介によって人が集まるようになり、毎回数十人がセミナーに参加してくださるようになりました。セミナーを開催していくたびにプログラムは売れ、また新しい顧客がセミナーに参加するようになりました。そのように休みなく働き続けるうちに、高価な教育プログラムを次から次へと売れるようになったのです。自分でも驚くほどのペースでした。

その結果、一九九一年度、一九九二年度とSMI世界大会にて「セールス世界大賞」を受賞し、二年連続世界一位の実績をおさめたのです。表彰を受けるためにアメリカに招待されてあこがれのポール・J・マイヤー氏に会うことができました。氏のテキサスの大邸宅や牧場やグランド・ケイマン島の別荘にも招いていただきました。念願が叶い想像以上の経験をさせて頂いたのです。このとき感じたのは自分自身を信じて、自分なりの方法を考えて集中し計画的に実行すればイメージ出来得る成果は達成できるということです。この成功体験が私の大きな自信となりました。ここで、ひとつだけポール・J・マイヤーの成功理論をご紹介すると、「成功者は六分野で充実している」ということです。六分野というのは「経済面、社会面、教養面、家庭面、精神面、健康面」の六つです。バランスの良い人生の成功面をイメージさせて頂いたポール・J・マイヤーは、イメージ通りの方で今でも私の心の師匠です。

今、振り返ってみると、二年連続でセールス世界一位を達成できたのは、大学時代の俳優の仕事場で学んだ演技力と薬品会社の営業で学んだイメージ力の訓練の賜物だと思うのです。俳優の仕事場では、プロフェッショナルの俳優たちがシチュエーションを合わせて瞬時に反応する姿を見ながら、その演技力の感性を学びました。少し前には隣で大笑いしていた俳優が、本番になると悲しみの演技を繰り広げます。それが演技かどうかわからないのです。迫真の演技というのでしょうか。また、何かハプニングが起きても、それに反応して当意即妙のアドリブをすることころなど、学ぶことばかりでした。

薬品会社の営業では医師を相手に医薬品の営業をしましたが、相手のニーズを知ることに神経をすり減らしました。医師には気難しい人が多く、その心の内を知ることに全精力を傾けたのです。そのとき、相手が「私に望むこと」「私にして欲しいこと」を考えつくしました。とにかく、相手の身になってイメージすることに集中しました。イメージ力を駆使することによって相手の考えていることを見抜き、相手が欲するように振る舞うことで、大きな成果を得ることができたのです。例えば当時、取りつく島のない医者に話を合わせて近づく為に、その医者の趣味の映画でヒッチコックシリーズをレンタルビデオで全部観て研究し、完全に人間関係を作り成功しました。それがきっかけで映画が趣味となり今後の私のコンテンツにもなりました。これらの経験がセールス世界一に最大限に活かされたわけです。

私は営業マンを対象にした研修で講師をすることがよくあります。そこで必ず言うことは「自分の営業手法をワンパターンに相手に押しつけてないか?」ということです。百人を相手に営業するとしたら、それぞれに合わせた百通りの営業方法があるはずです。そのように考えたら、営業スタンスが変わるはずです。聞き上手になるでしょうし、相手の力を使って営業することを覚えます。

これは営業マンだけに限らないコツだと思います。会社の中においては上司には上司それぞれへの話し方があり、部下には部下の個性に合った話し方があります。家庭でも同じです。夫婦でも場合によっては話し方が違うでしょう。子供も個性によって話し方を変えなくてはいけません。相手が百人いれば百通りのコミュニケーション方法がありますが、それは仕事でも生活でも同じです。どのような人でもどのような場所でも、相手の考えることをイメージして、自分を演出してみてください。ちょっと意識するだけでも、今までと違う対応ができると思います。

## 新しい価値観を自分の中に見いだす勇気を持つ

アメリカの大学生六百人を対象にした調査で、その七十パーセントが自分に関する課題として「勇気が欠如している」という点をあげたそうです。日本人の場合、あまり勇気という言葉は日常生活で使いません。ですが、アメリカの人々は違うようです。**「夢を語り、リスクを承知でチャレンジし続ける勇気」**を非常に重要に考えているのです。

この調査と関連する日本人の調査があります。日本人が死ぬ前にどのような言葉を残すのかを調査したのです。最も多いのが「もっと挑戦すればよかった」という言葉だったそうです。「安全なところにとどまり、チャレンジしなかった。あのとき決断していれば……」と後悔するのです。できれば死ぬ前に「挑戦してよかった人生だった。」と思いたいものです。

経営者にはリスクを負う勇気が必要になります。特にベンチャー起業家には、必ずここ一番という瞬間があります。そこで挑戦する勇気を持ったものだけが成功を手に入れます。チャレンジすると言っても、闇雲に新しいことを始めてもしょうがありません。私がもっとも重要と考える勇気は、「新しい価値観を自分の中に創り出す勇気」。自分自身を見つめて、これまで受け入れなかったこと、感じなかったこと、できなかったことに価値を見いだして欲しいのです。しかしながら、自分の中にある元の部分を否定することにも少なからずなるので、とても難しい作業になります。

まず始めにすることは、自分が意味もなく嫌っているものを好きになることです。たとえば、「あの人はどうも気に入らない」と思った場合、その人が自分自身に似ていることがあります。自分に似ているから嫌いなのですが、実はそのことに気がついていないのです。常に意識していると、ある時、自分に似ていることに気がつきます。そのとき、やっと自分の中にある嫌な部分を理解することができ、それを肯定するチャンスがくるのです。それが「新しい価値観を自分の中に見いだし創り出す勇気」のひとつです。

俳優、作曲、監督をこなした喜劇王チャールズ・チャップリンは「人生に必要なものは愛と勇気と少しのお金」と言いました。一歩踏み出すためには思いきりが必要です。毎日、少しずつチャレンジして慣れることです。たとえば、「いつもより大きな声を出す」「恥ずかしがらずに部下や奥さんや子供を誉める」「嫌いな人にやさしくする」などいくらでも日常生活には少しの勇気を出してチャレンジすることがあります。小さなチャレンジを積み重ねることから、大きなチャレンジが生まれるのです。

# 自分の感情を見つめて自分が知らない部分を見つける

目の前にあるコップに水が半分入っていたら、どのように表現しますか。「まだ半分残っている」と言いますか。それとも、「もう半分しか残っていない」と答えますか。これは性格を判断するときによく用いられる方法ですが、「まだ半分残っている」と楽観的に答える人になるべきだと、私は思います。そのときの精神状態によりますが、常に前向きにとらえる訓練をしていれば、必ず「まだ半分残っている」と答えるはずです。

感じ方の違いは「心のクセ」とも言うべきモノです。実は、この「心のクセ」が人間の行動に大きな影響を及ぼしています。「心のクセ」を自らコントロールすることで、新たな能力を開発できると言っても過言ではありません。この「心のクセ」を治すためには、自分を注意深く見るしかありません。

まず、怒りの感情について常日頃から意識することです。怒りは自分の重要な価値観を壊されたとき、または壊されそうになったときに感じるものです。怒りを感じたときは、自分の性格の形がはっきり見えるときなのです。そのときこそ内観する時間です。そのとき「何が原因で怒ったのか?」「それは本当に怒るべきだったのか?」「冷静に判断できたのでは?」と分析して、自分の対応を修正していきます。「怒り」「悲しみ」といった感情を経験した際に、自分を冷静に見て自分の無意識を分析してみると、より良い行動をとれるようになるでしょう。そのように感情から自分の無意識を分析することが自分を知る近道です。

## 仕事と家庭、勉強と遊びのバランスをチェックする

日常レベルの仕事、精神、生活のバランスがとれていなければいけません。会社も家庭もバランスのよい経営が大切です。人材、資金、ビジネスモデルがバランスよくなければ成長できないからです。**成功は何かを犠牲にするものではない**のです。

「友達と遊ぶのを我慢して勉強しなさい」「テレビゲームをやめて勉強しなさい」と母親

が子供に言いますが、それは間違っています。思いきり遊んで、思いきり勉強してください。大手の塾の調査によれば、成績の良い子は短い時間で勉強して長い時間眠っている、というデータもあります。遊びも勉強も眠りも集中してやることが、最も効果的なのです。

世界経済の舵取り役とも言われる米連邦準備制度理事会（ＦＲＢ）議長を十八年間務めたアラン・グリーンスパン氏は、若い頃はプロのジャズミュージシャンとして働いていました。ジャズミュージシャンの頃から経済には明るく、バンドの経理を担当していましたが、その才能を伸ばしていくうちに世界経済を管理する重要なポストまで登りつめました。音楽と経済という二つの分野で活躍した代表的なケースと言えるでしょう。**何かを極めた人は、その経験を生かして違う分野でも才能を発揮**します。ひとつの分野で自信を得た人は、ほかでもその経験を活かせるのです。また、グリーンスパン氏は、有能であり周囲から大変好かれた人物だそうですが、それも音楽と経済という全く違う世界で一流になったからではないでしょうか。両極にあるような二つのことをマスターすることによって、非常に良いバランスがグリーンスパン氏の中にできあがったのではないでしょうか。

ただ有能であるだけでは、自己実現を達成することはできません。仕事と家庭のバランス、仕事と趣味のバランスなど、自分の中で良いバランスを維持することが非常に大切だと思います。それが良い状態を長続きさせるコツでもあります。仕事熱心な人の中には「家庭を犠牲にして仕事をする」という人もいますが、それでは長続きしません。仕事と家庭を両立させることが、とても大切なことです。一度、自分の生活をチェックして、バランスが崩れていないか、確かめてみましょう。

特に一般サラリーマンの家庭では仕事と家庭が完全に分かれています。お父さんは子供に仕事の話をしないので、子供は社会がどのようなものか、理解することができません。これはバランスの悪い話です。お父さんは、もっと子供に仕事の話をすればよいと思うのです。私の場合は、休日に講演の仕事で出かけることがありますが、なるべく家族を連れて行くようにしています。子供は私の講演を聴いて、私の仕事を理解してくれます。親の仕事を見せることで、仕事と家庭の二つが生活の中でうまく融合すると思うのです。私の場合は仕事が特殊かもしれませんが、一般サラリーマンの家庭でも意識的に仕事の話をすれば、子供たちも関心を持ってくれるのではないでしょうか。

たとえば、「新聞を持ってきて」と言われた子供が、新聞を持ってくることを怠《なま》けたとします。なぜ、子供は怠けてしまうのでしょう。お父さんは新聞を読んで、最新ニュースを知ることで仕事に役立てます。お父さんの仕事がうまくいかなければ子供も困ります。そのように考え伝えれば、子供は新聞を取りに行くことを怠けないでしょう。子供の生活、大人の生活が分かれてしまい、それが家庭内のコミュニケーションの問題にもなっているような気がしてならないのです。ぜひ、バランスを考えて、〝情報公開〟をすることで家庭内のコミュニケーションを図ってください。

## 楽しくなるまで繰り返すと新しい世界が見える

昔話『桃太郎』にでてくる桃太郎のお供になる動物たちを思い出せますか?ほとんどの方が思い出せるでしょう。「犬、猿、キジ」ですね。この答えは正解なのですが、実は不思議な答えです。「犬、猿」ときたら、次は「鳥」というのが動物の一般名称としては正解でしょう。しかし、正解は「キジ」です。たしかに同じ質問を講演でしますと、ほとんんどの方は「犬、猿、キジ」と答えてくれます。間違えません。なぜなら、誰もが「犬、猿、キジ」と何度も聞いてきたからです。繰り返し聞いてきた結果、「犬、猿、キジ」というおかしな並びにもかかわらず、正解を答えられるのです。キジなんて犬ほどその辺で見かけたりしませんし見た人も少ないのではないでしょうか?

実に反復、繰り返しの重要性がこのことからわかります。人間が学習するために、常に繰り返すことが必要です。スポーツ、楽器、学問、仕事でも繰り返しによって学習します。繰り返すことは時には辛いかもしれません。しかし、繰り返しを続けることによって、少しずつ細胞に浸透するように体得し、自分の実力が向上し、その毎日の繰り返しの中に微妙な変化を見つけることができるようになってきます。

たとえば、毎日学校へ行って授業に出ているだけでも、ある程度の効果はあります。そのとき、前向きに授業を受けるのか、他のことをしてしまうのかで効果は全然違います。仕事も同じです。前向きにやれば、自分の中に仕事に関するノウハウや仕事に対する感性が養われます。量をこなしていくうちに、ひとつずつの仕事の中に微妙な違いを感じます。そのとき仕事の面白みがわかるのです。

「何かが少し変わった」と感じることが、大きな進歩へとつながります。優秀な人は、微妙な変化を人より先に感じることができる人です。ベンチャー起業家や優秀な経営者は、そのような感覚が人より優れています。世の中で起きていることの背後にあるものを見抜く力があるからです。それは毎日、毎日の繰り返しの中で磨くものです。毎日、現場を隅から隅まで観察する。そのことから微妙な変化を見いだして、新しいことが起きていることをいち早く察するわけです。

また、日常生活においては、人に役立つ事や良い事を毎日繰り返しやり続けましょう。何かを体得したい成長のための**「反復の効果」は、自身に「成長体質」を形成**します。前述しました、「玄関で靴をそろえる」ことでも結構です。何か、生活面で家族や同僚に役立つことをやってみてください。それがあなたの夢とは関係ないことであっても、日常生活で毎日、為になることを続けることで、継続する力を得ることができます。その力は何かを実現するための基本的な力になります。「ゴミを拾う」「机の整頓」「皿洗い」…なんでも結構です。良いことなのですから恥ずかしがらず一度、実行してみてください。

## お菓子と社員を何よりも大切にする会社――神吉一寿氏

株式会社吉寿屋
代表取締役社長

関西を中心に「お菓子のデパート よしや」を展開し、お菓子の卸売販売事業を展開しているのが、株式会社吉寿屋です。

1964年、大阪府北区天満にて創業。1986年に「お菓子のデパートよしや」の1号店をオープンさせ、その翌年、フランチャイズチェーン展開を開始。現在は直営店が40店舗、フランチャイズ店48店舗を出店。懐かしい駄菓子から新しいお菓子まで250社以上のお菓子メーカーと提携し、様々な種類のお菓子を取り扱っています。海外への販売も行い、アメリカや中国など世界5か国に、販路を持っていないメーカーのお菓子を輸出しています。現在の売り上げは、約120億円（平成27年6月決算）。経常利益は約3億円（平成27年6月決算）。経常利益率は2.5%で、通常の卸売業の場合、経常利益率は0.3%ほどですが、約10倍の経常利益率を上げています。これは、業界ナンバーワンの利益率です。さらに、創業以来53年間ずっと黒字を達成しています。

この黒字経営の最も大きな要因は、業界唯一、商品の返品ゼロを実現したことです。これはお菓子を大事にして、高品質を生かすため、無駄にはしないという精神で商品を仕入れていることです。メーカーから安く大量に仕入れた商品は、ほぼ3日間で全て売り切ってしまうため、倉庫には在庫がほとんど残りません。商品の仕入れは、多くの会社が導入している自動発注システムには頼らず、何かと融通の利く社員自らが行う仕入れ方法も売り上げのカギとなっています。

大阪のある店舗では、店の前で開店を待っていたお客さんの姿を目にした社員が機転をきかせて開店時間を早めたところ、それが評判となり、出勤途中のサラリーマンやOLが毎日のようにドリンクなどを購入するようになったそうです。このことがきっかけで、朝以外にも昼の休憩時間や帰宅時間にも多くのお客さんが利用するような人気店になり、売り上げも伸びているといいます。

株式会社吉寿屋の朝は早く、神吉一寿社長は、毎日、早朝5時に出社。まずは本社の倉庫で、「お菓子の皆様おはようございます。今日も宜しくお願いします」とお菓子に挨拶するのが日課となっています。お菓子に魂を込めて、感謝をこめて1日がスタートする会社なのです。

お菓子に挨拶を終えた後には、毎朝の日課となっているトイレ掃除が始まります。これはなるべく経費をかけないために行っていることのひとつだそうで、浮いた分は社員に還元しているそうです。

本社の営業社員も朝6時半に出社。交通渋滞に巻き込まれることもなく通勤でき、朝の頭はスッキリしているので仕事もはかどるのだそうです。出社時間は早いですが、その分、帰社時間も早く、夕方には仕事を終え、帰ることができるので、家族サービスや趣味の時間に使えるので、社員も「働きやすい」と口をそろえて言います。

さらに株式会社吉寿屋では、とてもユニークなプレゼント企画（年に10回以上）や制度を導入し、福利厚生も充実しています。いくつか例を挙げると、

・利益が上がるとボーナスとは別に還元
・社内の休憩室でラーメンが無料で食べられる
・年に1回あみだくじで当たった社員1人に1kgの純金の延べ棒をプレゼント
・長年勤務している社員を対象に、海外旅行をプレゼント
・総額約800万円をかけて、社員、パート、アルバイト、その同居家族を対象に、インフルエンザの予防注射を無料で受けさせる

などなど、これ以外にも様々な手当や待遇があり、社員のモチベーション向上にも役立っています。

これらはすべて社員のためで、実はお得意先より社員の方が大事と言ってはばからないほど、株式会社吉寿屋は社員を大切にする会社としても有名なのです。

## 菅生新のワンポイント『やる気』解説「神吉一寿氏」

神吉社長は、社員はもちろんのことですが、お菓子も、お客さんも、取引先も大事にする「思いやり世界一の会社」を目指すのだと語っています。動画サイト「よしやフレンズ」も人気で、周囲を幸せにするその発想と経営努力でさらなる成長を続けていくことでしょう。

## 笑顔とコミュニケーションを重視した手厚い接客――田中寿幸氏

株式会社寿幸
代表取締役社長

大阪で話題！ 人気の鉄板焼・鉄板創作串料理の店「鉄板神社」が有名な会社で、他にも、焼きそば専門店やシフォンケーキ専門店、炭火焼き鳥店などを経営。今や大阪を代表する「鉄板焼きの雄」で勢いに乗り、今後、全国展開・海外進出を狙っているベンチャー企業のひとつが、株式会社寿幸です。

田中寿幸社長は、もともと福井県の人口700人ほどの村で、土木建設業のクレーン運転士として働いていましたが、どうしても社長になりたいという夢をかなえるため、25歳の時、周囲の反対を押し切って、単身大阪に乗り込んでいったファイターです。

大阪にやってきた当初は、ゆくゆくは、たこ焼き屋でもやれたらなと思っていたそうですが、調理経験も経営のイロハも何もわからなかった田中社長は、まずは高級鉄板焼きの店に入り、修業を開始。自分の店を持つまでに、3軒の店で下働きをしながら、見たことはすべて覚えようと、ノートにメモをとって色んなことを吸収していったそうです。

3軒目に働いていた店が閉店することになって、その空いた物件を居抜きで借りて、自分の店をオープンしました。場所は大阪ミナミの一等地。4坪9席の店で狭くても家賃は36万円という高額の家賃でしたが、業界の「当たり前」を知らなかったため、これはチャンスだとすぐに契約。店を始めた当初は、夕方から早朝までの営業時間でお客さんは全く入りませんでした。

そのうちに、たまにお客さんが来るようになったので、美味しさはもちろんのこと、とにかく楽しんでもらおうと、積極的に会話し、コミュニケーションをとることで常連客が増え、自然と売り上げも伸びていき、3年後には2店舗目も開店することが出来ました。

店の広さだとか家賃の相場だとか、当時は何も知らなかったことが功を奏し、田中社長を成功に導いたのでした。

現在は、大阪市に「鉄板神社」を6店舗展開し、その他の業態の店も創り出しています。料理のおいしさはもちろん、お洒落な店構えも人気のひとつ。「鉄板神社」難波店の店内には、1年中、神輿が飾られ、賑やかな雰囲気。若い層から年配の人まで常連客が多いのも特徴です。

通常、一般的な店舗の運営は、社員1人にアルバイトやパートが数人という人員配置にするケースが多いのですが、「鉄板神社」のスタッフは、その大部分が社員。店では笑顔を第一にお客さんを出迎え、コミュニケーションを重視した手厚い接客を行い、「あの人がいるからまた行こう」「もう一度行きたい」と思ってもらえるような店の雰囲気づくりを重視しています。

また、他の飲食店では、経費削減のため、スタッフの人数を減らしているところも多くありますが、例えば、「鉄板神社」の24席ある店にはスタッフを8人から10人配置するなど人件費は通常の約3倍。人件費は高くなりますが、1人増やすごとに売り上げも増加しているそうです。

田中社長に初めて会った時は、「君、ホスト?」と聞いてしまったほど、日焼け顔で今どきの兄ちゃんといった印象でした。でもその印象はすぐにひっくり返り、話をしてみると、考え方もしっかりしているし、ちゃんと家庭を持っていて、腰は低く、遊びにもいかない好青年だなと感じました。

飲食業のトップはラフな格好で人前に出てくる人が多いのですが、田中社長はいつもスーツにネクタイを着用し、仕事はきっちりしようという気持ちと事業に対しての真摯さが伺える起業家です。

**菅生新のワンポイント『やる気』解説「田中寿幸 氏」**

田中社長の起業の原点は、「人としゃべりたい」「お客さんを楽しませたい」という強い気持ち。「兄ちゃん、お前がいるからまた来るわ」を商売の基本にしていて、お客さんとコミュニケーションをとることの大切さを社員にも徹底して伝えています。

# 第五章　〝ミッションパワー〟が引き起こす演出力

# 最高の『やる気』は使命感から生まれる

『やる気』の中でも、私がもっとも重要と考えているのが使命感による『やる気』です。使命感の『やる気』から生まれる力を、私は〝ミッションパワー〟と呼んでいます。ベンチャー起業家の多くが魅力的なのは、このミッションパワーで動いているからだ、と私は考えています。ミッションパワーは、**業を営む人間として持つべき正義の使命感そのもの**です。人として生まれた限り一度はこのミッションパワーを皆さんにも持っていただきたいと思っています。この言葉によって『やる気』を高めてもらいたいのです。使命感という『やる気』には感動させる力があり、その感動は輪となって広がり多くの人々の心を打ちます。

ベンチャー起業家の事業は、**「素晴らしいサービスを顧客のために提供したい」**という使命感から生まれています。人々は、そのようなサービスを目の前にしたとき、サービスを支えるベンチャー起業家の使命感を無意識のうちに感じとるのです。ですから、使命感を持った仕事は、多くの人々の支持を得て、またたく間に普及します。それらは古いモノを過去へ追いやり、人々の新たな常識となるのです。

それはある意味、ひとつの奇跡です。一人の心に生まれた使命感が、事業として人々に伝わり、それが常識となるまで普及するわけです。それが人々のためになり、社会全体を良くしていくのです。このように、一人のベンチャー起業家の心に生まれた使命感によるミッションパワーには、驚くべき力があるのです。

## 人々の心を揺り動かす〝ミッションパワー〟

私がとても感動した話があります。バスの運転手と赤ちゃんのお話です。私は、この話の情景を頭に浮かべたとき、運転手のミッションパワーに本当に感動しました。ここに紹介しますので、ぜひ、読んでください。

# バスと赤ちゃん

東京にいた、今から十六年ほど前の十二月も半ば過ぎたころのことです。

私は体調を壊し、週二回、中野坂上の病院に通院していました。

その日は今にも雪が降り出しそうな空で、とても寒い日でした。

昼近くなって、病院の診察を終え、バス停からいつものバスに乗りました。

バスは座る席はなく、私は前方の乗降口の反対側に立っていました。車内は暖房がきいて、外の寒さを忘れるほどでした。

間もなくバスは東京医科大学前に着き、そこでは多分、病院からの帰りでしょう、どっと多くの人が乗り、あっという間に満員になってしまいました。

立ち並ぶ人の熱気と暖房とで、先程の心地よさは一度になくなってしまいました。

バスが静かに走り出した時、後方から赤ちゃんの、火のついたような泣き声が聞こえました。

私には、人で見えませんでしたが、ギュウギュウ詰めのバスと、人の熱気と暖房とで、小さな赤ちゃんにとっては苦しく、泣く以外に方法がなかったのだ、と思えました。

泣き叫ぶ赤ちゃんを乗せて、バスは新宿に向かい走っていました。

バスが次の停留所に着いた時、何人かが降り始めました。最後の人が降りる時、後方から、「待って下さい。降ります」と若い女の人の声が聞こえました。その人は立っている人の間を、かきわけるように前の方へ進んで来ます。

その時、私は、子供の泣き声がだんだん近付いて来ることで、泣いた赤ちゃんを抱いているお母さんだな、と分かりました。

そのお母さんが、運転手さんの横まで行き、お金を払おうとしますと、運転手さんは、「目的地はここですか？」と聞いています。その女性は、気の毒そうに小さな声で、「新宿までなのですが、子供が泣くので、ここで降ります」と答えました。

すると運転手さんは、「ここから新宿駅まで歩いて行くのは、大変です。目的地まで乗って行って下さい」と、その女性に話しました。
そして急にマイクのスイッチを入れたかと思うと、「皆さん!。この若いお母さんは新宿まで行くのですが、赤ちゃんが泣いて、皆さんにご迷惑がかかるので、ここで降りると言っています。子供は小さい時は、泣きます。赤ちゃんは泣くのが仕事です。どうぞ皆さん、少しの時間、赤ちゃんとお母さんを一緒に乗せて行って下さい」と、言いました。私はどうしていいか分からず、多分みんなもそうだったと思います。ほんの何秒かが過ぎた時、一人の拍手につられて、バスの乗客全員の拍手が返事となったのです。若いお母さんは、何度も頭を下げていました。
今でもこの光景を思い出しますと、目頭が熱くなり、ジーンときます。私のとても大切な、心にしみる思い出です。

中野茂子(会社員)

(出典:『心にしみるいい話』大分合同新聞社編)

バスの運転手は、若い母親が赤ちゃんの激しい泣き声のためにバスを降りることに気がつき、乗客にそのことを説明します。この運転手のようなことができる人は少ないのではないでしょうか。また、そのセリフが素晴らしく乗客も共感して拍手となる。運転手の素晴らしい勇気のおかげで、乗客の皆さんも我に返り、人としてのミッションパワーに目覚め、心地よくなったでしょう。バスを運転して人々を安全に心地よく運ぶ、という使命を持つ運転手ですが、これほどにミッションパワーを活性化した例はないのではないでしょうか。

## 私が体験した〝ミッションパワー〟

私がめぐり合ったある実体験の話があります。偶然訪れたブティックのお話です。二人の店員さんの掛け合いにとても感動したことを今でも覚えています。幸せな気持ちにさせてくれるミッションパワーの話を、ぜひ、読んでください。

# 幸せの赤い扉

それは、赤い扉の小さなブティックでした。夏のような暑い日差しのゴールデンウイーク…妻と二人で東京に行った時のことです。表参道ヒルズあたりで、ウィンドーショッピングがてらブラブラしようと原宿へ。しかし、駅に着くなり、まるでお祭りのように人波が押し寄せて前に進むのも困難な状態でした。せっかく楽しみにして来たのに、心地よい気分ではなくなり、表参道ヒルズは入り口であきらめて裏通りの閑静な住宅街のほうへ足を向けました。

ロイヤルホストの裏通りのまだ二筋ほど離れたところで、かわいい赤い扉に日差しが緩やかにさしていました。私たちは、なんとなく、でも吸いこまれるように、自然に開放されている赤い扉の中へ入っていきました。今思えば、後にも先にも、この表参道で二人が入ったお店はここだけでした。

女性ものの服からバックまで商品がとてもきれいにセンスよく並べられてあり、ディスプレイの春ジャケットもとても格好よく、早速、妻が気に入り試着をしようとしました。しかし、そこにいた店員の女の子が、何度声をかけても答えてくれないのです。服を畳んで店内を動いている女の子は二十歳くらいで、今風の茶髪のきれいなスマートな娘でした。

少し変に思い私の妻が商品を持って彼女の前に立つと、なんと、彼女の首のストラップに大きく四角いネームプレートのようなものが掛かっていて、そこに三行の文字が書かれてあったのです。

私は耳が聞こえません。

声も出せませんので、

紙に書いてお伝えください

私たちは一瞬戸惑いましたが、その時、奥から別の元気な女性店員が出てきてすぐに対応してくれました。私たちに明るく楽しく二人で協力して商品を広げて見せたり、勧めたりしてくれました。キョトンとしながら私たちはその二人を見ていました。すごく仲良く元気にテキパキと仕事を分け合ってこなしていました。それは、今浴びてきた日差しのように心地よく明るくほほえましい光景でした。少しだけ無理して妻に、迷って考えていた服やバッグなどいくつかを気持ちよく買いました。

「この声の出ない耳の聞こえない女の子を雇っているオーナーへのリスペクト（尊敬の念）」

「ずーっとこの店は繁栄し続けてほしい」

「この彼女のお給料に少しでもなるのなら」

と思いは巡りました。

店を出た私たち二人は、心地よい日差しに包まれてまぶしい青空を見上げながら、あたりまえの健康を授けてもらった両親にもっと感謝しようと語りあい、そして奇跡の命として与えられた環境やステージで一生懸命頑張る「人間力の可能性と美しさ」を痛感しました。

お互いに協力し合って接客をする二人の店員さんのミッションパワーにとても感動し、何か忘れかけていた大切なものを思い出させてくれた素敵な出会いでした。もしかして日常に、皆さんの近くにもあるかもしれない「幸せの扉」を探してみてはいかがでしょうか。

## ディズニーランドを支える〝ミッションパワー〟

東京ディズニーランドのミッションパワーをご存じでしょうか。とにかく「大人のお客様には子供に戻っていただく」「外の景色を一切見せず、とにかく夢を見ていただく」という徹底した経営理念があります。そのポリシーがいくつかのエピソードを生みました。二つのケースを紹介しましょう。

ある夫婦が二人でレストランにやってきてお子様ランチを注文しました。若い夫婦は不幸なことに子供を亡くした過去があり、「亡くした子供と一緒に来たかった」と夫婦の食事以外にお子様ランチを追加注文したのです。キャストの青年は、そのテーブルに食事を運んだその時、二人の真ん中に子供用の椅子を入れて、「ご家族でごゆっくりおくつろぎください」と挨拶したといいます。思わぬ行為と言葉に夫婦は感動し、その食事の時間を心地よく過ごしました。

このようなサービスはマニュアルには記されていないことです。ただ、そのキャストはお客様へのサービスを自分でミッションとして行ったのです。そのときできる最高のサービスを提供する、という本当のミッションパワーを持っていれば、いざという時に誰にもそのような演出が可能になるでしょう。

もうひとつ東京ディズニーランドのエピソードがあります。ある人がカメラを忘れたことに気がついて疲れていたのですが無理してやっとの思いで閉園直後に戻って来ました。

そのとき、係員は、精神的に、ぐったりしているお客さんに「お客さん、今がチャンス、貸切状態ですよ、いい思い出にミッキー達も入れて写真いっぱい撮りましょう」と行動し、その客を喜ばせました。これもミッションパワーです。疲れてカメラを取りに来たお客さんを激励するために、そのときできる最高のサービスを提供する。マニュアルにはありませんが、それが本当のサービスであり、企業として勝ち続ける東京ディズニーランドのポリシーなのです。ディズニーランドでは、お客はゲスト、そして従業員はキャストと呼んでいます。ミッキーマウスだけでなく、それぞれがキャスティングされた役を演じる出演者ということです。そして、キャスト全員で舞台を成功させようとするミッションパワーは、企業全体のお客へ対する徹底した真摯な演出活動なのです。企業はエンタープライズといいますが、企業人は、その会社がお客に出会い、思い出や商品を買って頂き満足してもらえるまで努力し続けるエンタティナーなのでしょう。

## ユニバーサル・スタジオ・ジャパンの奇跡
## 従来の常識を打ち破る

ディズニーランドは大変人気のある関東のテーマパークですが、関西の人気のテーマパークといえば、どこだかわかりますか？　もう皆さんご存知でしょう。世界最高のライド・アトラクションや人気のショーなど、子供から大人まで楽しめるテーマパークのユニバーサル・スタジオ・ジャパン（ＵＳＪ）です。

我が家でもよく足を運び、ある時期には五年間連続で家族年間パスポートを購入し、休みがあれば家族と一緒に行って楽しんでいた思い出の場所でもあります。子供達は今でも毎年正月に三人で行っています。

二〇一六年度の入場者数は、一四六〇万人で三年連続過去最高を記録。中国、韓国、台湾、香港などアジア各国からの来場者を中心とする訪日外国人客の数も増えたことも後押しになっています。

今や大人気のテーマパークになっていますが、もともとは大阪市が過半数以上を出資する第三セクターの会社で、オープン当初は、「E．T．」や「ジョーズ」などハリウッド映画のアトラクションなど、迫力のある映像と演出で人気を集めましたが、その後は入場者数が低迷し、存続の危機にまで追い込まれました。

当時の経営陣は、大阪市をはじめとする四十以上の自治体や企業からの出向者ばかりで、デスクにただ座っているだけの天下りの役員もいたようで、給料だけもらっていたようなものだったそうです。そうした体制もあり、オープン当初の人気はすぐに下降し、入場者数は低迷。現場は混乱し不祥事も相次ぎました。その後、ゴールドマン・サックスなどによるＴＯＢ（株式公開買い付け）により、大阪市の第三セクターから脱却し、さまざまな改革を打ち出していきます。

ＵＳＪの人気の低迷は、経営と現場の混乱だけが理由ではなく、テーマパークとしてのコンセプトが弱かったことにも起因していました。それまでは「映画」だけにこだわっていたコンセプトを、「映画をメインにした、世界最高のエンターテインメントを集めたセレクトショップ」にして、大幅なリニューアルを断行し、改革を進めていきました。

ＵＳＪの幹部社員の中には、ＵＳＪは「映画」のテーマパークという強いこだわりがありました。この意識を変えるために、まずは、お金をかけずに話題となることを仕掛けていこうと考えだしたのが、フラッシュ・モブでした。フラッシュ・モブとは、仕事をしている振りをしている従業員（パフォーマー）が、いきなり楽器を鳴らし、すると、他の従業員（パフォーマー）も別の楽器を鳴らしはじめ、その後、お客さん（パフォーマー）がダンスを踊り、気が付くと大きなパフォーマンスになっているというものです。このフラッシュ・モブは大成功し、お金をかけなくても大きな感動を生みだせることを実証してみせたのだそうです。

そして、次々と改革を進めていき、スヌーピーやハローキティなど、人気キャラクターが住む街「ユニバーサル・ワンダーランド」の開業で家族連れなどを呼び込み、さらに、後ろ向きに落下するジェットコースター「ハリウッド・ドリーム・ザ・ライド〜バックドロップ〜」の導入やその他のライド・アトラクションの刷新、季節イベントの充実などによって、入場者数は徐々に増加していきます。

その後も新たにオープンした「ウィザーディング・ワールド・オブ・ハリーポッター」

のエリアなどが人気を呼び、さらに、様々なアトラクションやイベントを展開。新たなコンセプトで、以前よりも大人の客を呼び込んだことも一因となり、ＵＳＪの人気は一気に高まっていきました。

これまで続いてきた伝統やしきたり、さらには常識やこだわりなどを変えることはとても勇気のいることです。「できない」「無理だ」「考えても無駄だ」という声があるかもしれません。でもそこで立ち止まってはいけません。ある意味、理想を追うということは怖いもの知らずであることです。例えば、ベンチャー企業の社長が怖いもの知らずで新事業に立ち上がるのは、自分の理想を実現するためです。その業界の常識を無視して理想に真っ直ぐ向かっていくので、業界の常識を破ることになり、周囲を驚かすことになります。ですが、理想のサービスを提供しようとしていますから、お客さんは歓迎します。だからこそ大きなチャンスとなるのです。

ＵＳＪは存続の危機を迎え、新たなコンセプトのもと、様々な改革を行っていったことが、成功へのきっかけとなりました。様々なエンターテイメントの要素を入れていかなければＵＳＪに未来はないと、「世界最高のエンターテイメントを集めたセレクトショップ」

を作るというミッションパワーによって新たなＵＳＪが誕生したのです。

ＵＳＪの成功は、従来の常識を打ち破ったところにありました。いつも目の前のことばかりを考えていたら、常識を打ち破れません。一見、現実離れしていると思っても、まずは原点に戻って理想を考えることです。そこから各人のミッションパワーが生まれてくるのだと私は信じています。

理想とミッションパワーは人を動かす両輪ですから、常に理想と使命について考え、それを確認しながら進むことが成功への近道なのです。

ベンチャー経営者『やる気』事例

## どんな辛いことがあっても夢があればクリアできる

**植田 実氏**

株式会社サンクレスト
代表取締役社長

窓に付けるブラインドにヒントを得て、携帯電話の覗き見防止液晶フィルター「メールブロック」を開発し、全国で2500万枚以上を売り上げるなど、様々なヒット商品を開発。現在は、iPhoneケースをはじめ、携帯電話の液晶フィルム、その他のスマートフォンアクセサリー、キャラクター商品などの製造販売を手掛けているのが、ザ・エンタメ・ベンチャー、株式会社サンクレストです。

植田実社長は、神出鬼没、60歳を越えておかっぱ頭のとにかく明るく元気な、なにわの名物社長。

自分で本も出されていて、その著書「ヒット商品は女子高生・ギャルママに聞け」にも書かれていますが、ヒット商品を生み出すために、大阪のアメリカ村にいる女子高生に「どんなの作ったらいいと思う?」と直接、話を聞きに行き、彼女たちのアイデアから「ピンクのメールブロック」を開発しました。

携帯電話やゲーム機などの小物に、簡単に可愛くデコレーションできる「ジュエリーシール（キラキラシール）」も、女子高生の「おっちゃん、これ作ったら売れるよ！」という声から生まれた、年間3億円の売り上げを記録したヒット商品です。表面を特殊コーティングしているので、キラキラが取れにくく、ほこりが付きにくいワンランク上の顧客満足度の高い商品を創り出しているのも特徴です。


また、社内にはギャルママ商品開発部を設け、多くのギャルママに集まってもらい、アイデアを結集し、商品開発のヒントにしています。

近年はコンテンツビジネスにも力を入れ、俳優、菅田将暉主演で2017年、数々の作品賞に輝いた映画「あゝ、荒野」とのコラボレーションしたキャンペーンを実施。映画ブランドのポスターや携帯ケースなど、グッズの製作も手掛けました。

サンクレストの商品には、「CAT FLIP」という、落下すると画面にフタをし、自動的に画面割れを防いでくれる世界初のスマホケースなど、実用的な商品が多くあります。今では全国区となり、ロフトや東急ハンズ、ドンキホーテ、ヴィレッジヴァンガードなど、大手ショップ等で販売されています。

植田社長は社会貢献活動も行う人物で、様々な環境により夢をあきらめなければいけない子供達が夢をかなえるために支援する「一般財団法人　青少年夢応援隊」という組織を6年前に設立。

自分の夢を実現するため頑張る青少年に、経済支援を行うため、毎年、「夢」スピーチコンテストを開催。「世界に羽ばたけ」をスローガンに、どんな辛いことがあっても、夢があればクリアできる。世界に羽ばたけるような夢を持ってもらいたいという願いを込めて活動を続けています。コンテストは、高校1年生から満25歳までが対象で、優勝賞金50万円、総額120万円。大学の学費や留学資金として使ってもらっています。

2017年のコンテストでは、日本在住のネパール人の高校生が最優秀賞を受賞し、ネパールと日本の親交に役立つ仕事がしたいという夢を語りました。過去の受賞者には、絵本を書いて日本全国の養護施設や保育所を回って読み聞かせをしたいという夢を語った女子高生が実際に絵本を出版し、後にアメリカのワシントンＤＣで行われたスピーチコンテストに招待され、表彰されたこともありました。

「青少年夢応援隊」は、全国から子供達の夢を応援するサポーター募集し、支援金を集める「ワンコイン運動」を継続して行っています。

他にも、植田社長は、明治大学リバティアカデミーで非常勤講師を務められ、起業家の心得や苦労話などの講演活動、さらには株式会社ＮＴＴぷららの板東浩二社長さんとともに、平昌パラリンピック　スノーボード日本代表の成田緑夢選手を応援するため、遠征費を寄付するなどの活動も行っています。

## 菅生新のワンポイント『やる気』解説「植田実 氏」

魅力的な商品、世の中になかった商品を生み出してきた植田社長。

これからもユーザーが喜ぶ商品づくりに邁進し、それと並行して周囲の人の夢の実現も応援する、まさに「夢応援隊」の隊長として、走り続けていくことでしょう。

## ホワイト企業を目指し
## フラットな組織づくりを実践

―――大倉忠司氏

株式会社鳥貴族
代表取締役社長

全メニューが298円均一で「超庶民の味方」。品質の高い国産の鶏肉を使用した安くておいしい焼き鳥を売りに、大阪、東京、名古屋を中心に店舗展開しているのが、黄色と赤の看板でおなじみの焼鳥チェーン「鳥貴族」です。

株式会社鳥貴族の大倉忠司社長は、大阪のホテルでウエイターとして働いた後、焼鳥店に転職。その後、1985年に独立し、東大阪市内に「鳥貴族」1号店をオープンさせました。

翌年、株式会社を設立し、代表取締役社長に就任。均一料金の低価格路線が支持され、店舗数を拡大していき、2014年にジャスダックに上場。2015年には東証2部に、そして、2016年に東証1部に上場を果たしました。現在、売上高は約300億。

「鳥貴族」の店舗のある地域は、関西、関東、東海が中心で実は全国展開ではありません。キーワードは、「目が届く範囲」で、ローリスク出店主義ともいうべきほど、確実に利益を上げられる場所を厳選し、出店先を決定しています。関東圏では道路に接している路面店はほぼなく、路面店に比べて家賃が割安なビルの地下や2階以上（階上店舗）に出店するケースが多いのです。

攻めの姿勢も忘れず、都心の繁華街など市場性のある地域には複数の店舗を出店。東京池袋駅周辺には10店舗、渋谷駅周辺には10店舗、新宿駅周辺には8店舗を出しています。近い場所に店舗を集中させることで、食材の仕入れや人員の配置などの効率性も上がっていると思われます。

「鳥貴族」の客単価は約2000円でまさに庶民の味方、顧客重視の薄利多売のビジネスモデルで、お客さんを増やしていき、2018年現在は、600店舗を展開しています。

好調の理由は、あくまでも「焼鳥」にこだわってきたこと。デフレや不景気の影響で低価格路線に転じた飲食チェーンもありますが、「鳥貴族」は、「焼鳥という料理をさらに大衆のものにしたい」という強い思いが先にあり、たどり着いたのが低価格（当時280円均一価格）だったため、全く志も違いますし、目指すところが明確だったことが現状に現れているのだと言っています。

また、「焼鳥」にこだわり、メニューが絞られたことで、他の居酒屋などに比べ、オペレーションを単純化することができ、店舗スタッフの作業量を減らし、モチベーションを高めることにも役立っています。

会社での大倉社長は、社員との距離を近づけたいと役員の部屋は設けず、大部屋に席を置き、コーヒーも飲みたければ自分で入れ、接待交際費もほとんどないそうで、新幹線も一般の指定席。グリーン席には乗らないそうです。

ブラック企業と言われがちな飲食業界ですが、「ホワイト企業」を目指し、フラットな組織づくりを実践しています。

また、大倉社長には数々の名言というものがあるのですが、大倉社長らしいというか、私が興味を持った言葉が、「私は宝くじを買わない」です。

それは、「薄利多売で商売をやっているから万が一宝くじが当たってしまったら、これまで築き上げてきた人生観・金銭感覚が狂ってしまうから」というのが理由でした。また、「運がいいから、宝くじを買ったら当選しそうなんだよね」なんて本気とも冗談とも取れることを言ってしまうユニークな一面も持ち合わせています。

大倉社長は、すごく優しい人柄で飲食業界のカリスマお兄さん的存在。お客さんに喜んでもらえることを第一に考え、従業員みんなで幸せになることを追い求める姿勢で、ますます意気盛んにチャレンジを続けていくことでしょう。

## 菅生新のワンポイント『やる気』解説「大倉忠司 氏」

お店にある看板「うぬぼれ中」は焼き鳥屋で世の中を明るくしていきたいとの『やる気』の表れ。「国産国消」で安全・安心・新鮮を提供しています。大倉社長とは同い年で、吉田拓郎の大ファンという共通点があり、とても親しくさせてもらっています。大倉社長や友人や知人など同い年のメンバーが集まって、会合を開くこともしばしばです。2次会でカラオケに行ったりすると、吉田拓郎ソングを熱唱し、皆で英気を養います。

## 理想を描き、長期間の目標設定をすれば奇跡が起きる

インターネットショッピングモール「楽天」の三木谷浩史社長も阪神淡路大震災で人生観を変えた一人です。三木谷社長は兵庫県明石市の出身で、阪神淡路大震災で新世代の方を亡くしました。実際に故郷の惨状を見たとき、「人の命は有限。人生における一番のリスクは、やり遂げたという達成感を味わうことなく死んでしまうことではないか」と考えました。そのように考えた三木谷氏は大震災が起きた年に日本興業銀行を退職し、コンサルティング会社を興しました。一九九七年には楽天の前身となるエム・ディー・エムを設立して現在に至っています。

生死について真剣に考えるとき、人は自分の生き方を問い、新たな『やる気』を抱くようになるのでしょう。しかし、現在では生死について真剣に考える機会がありません。そのような人は強い『やる気』を持てないのでしょうか。そうではありません。長期間の目

標を持てばよいのです。先の章で長期、中期、短期の目標を持つことをお薦めしました。なかでも長期の目標を常に意識することは、自分の理想の姿を見ることに等しいのです。長期の目標と自分の現在位置と比較すれば、現在すべきことがわかるようになりますし、それが『やる気』となります。理想の具体的イメージを長期目標とすれば、夢を実現できるようになるのです。理想を考え続けて長期間の目標設定をすることが、奇跡に通じる道です。理想を通じて人々のためになることを実現すること、それが最も大きなミッションパワーとなるのです。

## 『やる気』は仕事観とともに進化していく

どのような人でも年齢を重ねるにつれて『やる気』は変化していきます。社会に出たばかりの頃は、仕事内容が大まかにしか解っておらず、「この仕事は面白そうだ」「自分に向いている」という興味レベルの『やる気』で仕事を始めます。それが一般的にいう「仕事」

となります。仕事にも慣れ家庭を持つようになれば、「多くの報酬を得たい」と思います。これが、次の段階です。そして、さらに進むと「この道が専門です」「これで食べています」と人に堂々と言えるようになります。自他ともに認める「ライフワーク」を見つけることができるのです。たいていの人は、この「ライフワーク」の段階で満足しますが、「この仕事は、私がやらねば誰がやるんだ」という「使命」にまで『やる気』を高める人がいます。第一章で紹介したように、明治維新を実現させた坂本龍馬などの志士たちは、「自分たちが動かなければ日本はなくなってしまう」という使命感を持って活動しました。自分たちの命を差し出して、日本のために仕事をしてくれたおかげで、今の私たちの生活があるのです。そのような使命というレベルまで自分の仕事を高めることが理想ではないか、と私は考えます。同じいわゆる「仕事」でも、心のレベルに応じたとらえ方があるのです。

ベンチャー起業家たちの心にも同様の使命感があります。「自分たちがこの仕事をしなければ、日本は良くならない」と思って仕事をしているのです。逆から見れば、その使命感がベンチャー起業家たちを幸せにしていると言えます。使命感を持つことがで出来るよ

『やる気』の進化

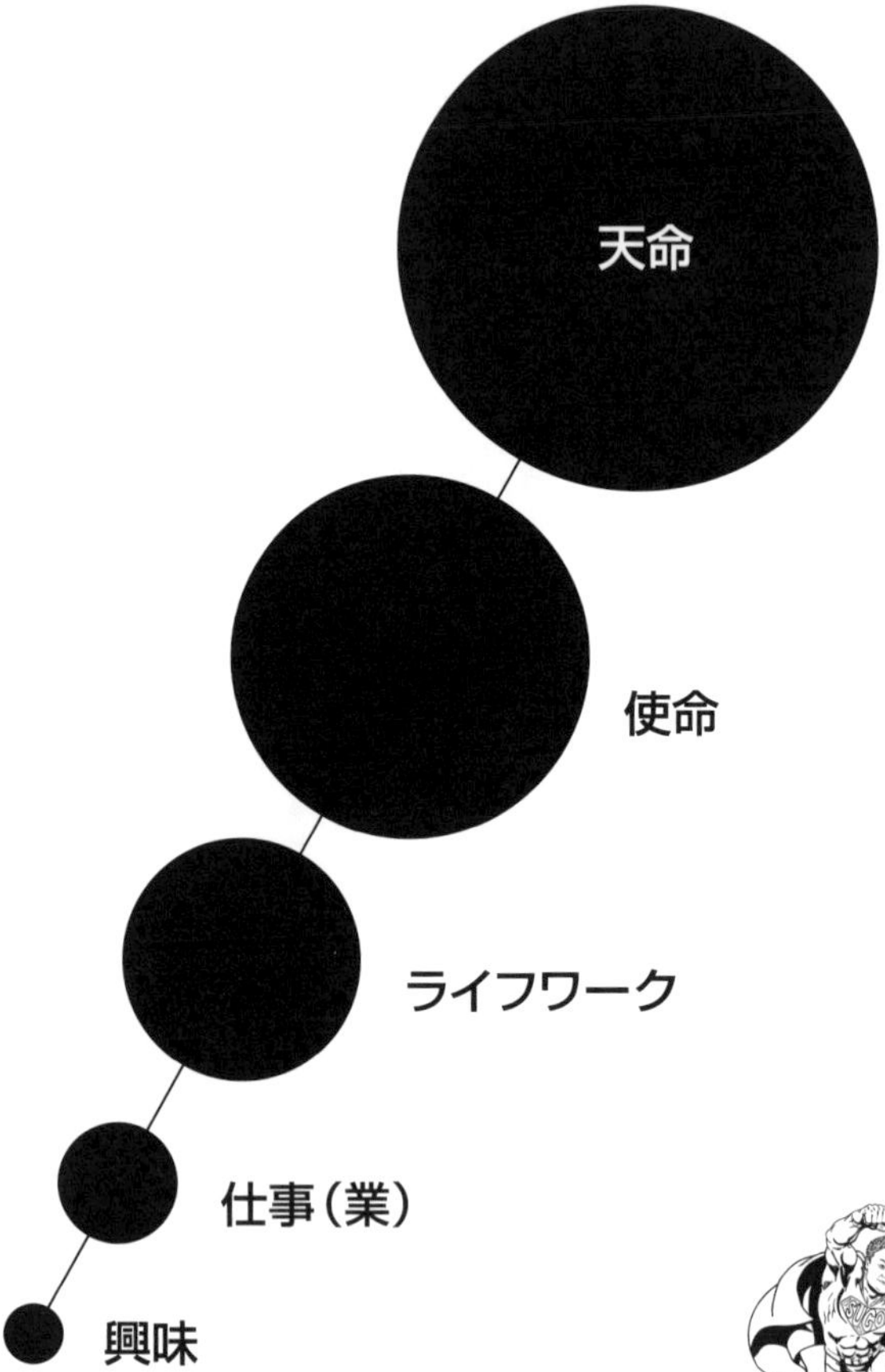

うに自分を高めていくことを考えてみてください。何を持って今の〝生業（なりわい）〟をしているのかの自問自答は深く、常に考えるべきものかもしれません。命を授かった意味を考えると天命があるのかもしれません。

## 「仕事」はプライドの『やる気』をもって行う「生業《なりわい》」

自己アピールの大切さを記述してきましたが、その裏付けとして重要な要素が「プライド（誇り）」なのです。商品を仕入れて販売したり、接客サービス業をしたり、エンタテイナー的な仕事など様々な職業がありますが、きっちりと「仕事」というものをプロとして出来る人間の要素として「プライドの『やる気』」があります。次に紹介する四つのプライドです。

一つ目は、「現在の仕事」へのプライドです。その仕事とは、この先の夢を達成した自分から見たプロセスとしてのモノです。「あの時あの仕事をこんな風にやっていたから今（夢を実現した自分）がある。」と振り返って言える成功プロセスの仕事の事です。

二つ目は、「仕事仲間」のプライドです。これは、その業界の社会的地位や環境や同業他社も含みます。仕事仲間のひぼう中傷ばかりいう人がいますが、それは自分の鏡でありそこからは成長はありません。周りの良き仲間やライバルともっと頑張って「いい同志・いい業界人」になろうという意識を持っているかが重要です。この商品を扱っている私たちはカッコイイと思えるまで頑張り、「この私を見て業界を判断して欲しい。」というまで思いを馳るのです。

三つ目は仕事で扱っている「商品やサービス内容」のプライドです。例えば、飲食サービス業なら味も含めて「素敵な空間へお時間をいただいてようこそ…後悔させません。」と心から言えるかどうかでしょう。商品の販売なら値段・内容・使用されたお客のパフォーマンス成果までを考えて堂々と勧められるかがプライドです。ウソ偽りややましい気持ちがあるのはプライド仕事とはいえないでしょう。

四つ目は「人生の時を夢実現に向けてチャレンジしているんだ。」という「自分自身のプライド」です。自分自身が創業会社として命と共に成長させてきて、多くの決断をして、多くのコミュニケーションを繰り広げて、社会貢献をしてきた足跡を堂々と話しが出来るかどうかが最上のプライドであろうと思うのです。

一度きりの人生……自分の創業人生を自分なりに誉めて誇れる人生の最期を迎えたいものです。

## 「笑い、集い、感謝」人を笑顔にする仕事を続ける

私は会社をやめて独立したときから、人生のテーマを「笑い、集い、感謝」にしました。これは、私というベンチャー企業の経営理念です。

「笑い」という感情は人間だけのものです。なぜ、人間が笑顔になれるのか、というと人間にはイメージできる能力があるからです。楽しい未来を想像して笑顔になります。過

去、現在、将来を比較してイメージをふくらますから笑えるのです。本当に笑いは人間らしい感情だと思います。笑いはがん細胞を鈍化させるとも言われています。

多くの心のいい人が集まれば、そこには笑いがあります。人は集まることによって、その力を何倍にも大きくできます。人は笑って集まることによって強くなることができますから「集い」という言葉を掲げました。そして、あらゆる人や物に「感謝」することで人は成長することができます。邪魔ばかりする人も何らかの役には立っています。悔しい思いを行動の力に変えるなど、その人のおかげで成長できるのです。そのことに感謝すれば良い、と私は考えます。

実は、この本の最初に紹介した作文のサンプルは、メジャーリーグで活躍したイチロー選手の小六の時の作文を参考に作ったものでした。そして、その作文の最後には、「一流のプロ野球選手になったら、お世話になった人に招待券をくばって、応援してもらうのも夢です」という一文がありました。コーチ、同僚、親子、家族、恋人、ファンなどすべての人に感謝している人には追い風が吹きます。誰も一人で成長していけるわけではありません。どのような人にも必ずお世話になった人がいます。感謝を忘れず、毎日生活したいものです。

何らかの形で〝人を笑顔にする〟人は、素晴らしい人生を全うできる人です。たとえば、プロスポーツ選手、芸術家、歌手は、〝人を笑顔にする〟ことを最終目標として仕事をしています。たとえば、野球選手は、ヒットを打ってファンに笑顔を与えます。歌手たちは、素晴らしい歌声で人々を熱狂させ、人々に喜びを与えます。人々に笑顔を与える素晴らしい仕事なのです。お客様が自分たちの技を見て心地よく笑ってくれれば、言うことはありません。

ただし、このようなエンターテイメントのプロフェッショナルだけが、人々に笑顔を与える仕事をしているわけではありません。どのような仕事も人の役に立っているのですから、それは笑顔につながるものです。料理人でしたら、「おいしい」とお客様が喜んでくれます。医師も同じです。回復した人の笑顔を見ることができます。

それは市役所の公務員だとしても同じです。市民が公益サービスを受けて幸せになることができるのです。政治家や経営者は、多くの人々の幸せに責任があります。経営者は、お客様に、そして社員、社員の家族に笑顔を与える使命を持っています。ですから、常に人々の笑顔を目指すことが、最高の『やる気』となるのです。お笑い芸人でなくても、人は人を笑わすことができるわけです。**誰もが〝人々に笑顔を与える〟使命を持っている**のです。自己実現によってオンリーワンとなり、多くの人々に笑顔を与える使命を遂行してください。

# おわりに

## 〝素晴らしき哉、人生！〟を願って

私の人生観が変わり、仕事観・生き方を決めるきっかけになった映画は、「素晴らしき哉、人生！」（一九四六年・米）です。

自分のいない〝もしもの世界〟を体験した主人公が「人間は周りの人々に何らかの影響を与えながら支えあって感謝し必然に存在しているんだ」ということを痛感するのです。ひとつの映画のように自分の人生では自分は主人公であり無くてはならないキャストです。

そして、多くの人に出会いながら様々な価値観や感動に気づき歩き続けるのが人生なのではないかと思います。一生に出会える人は限りあるけれど、だからこそ、どれも必要必然の出会いなのです。私が脱サラした頃は毎年の年賀状は二十枚くらいでしたが、後に毎年二千枚以上印刷するようになりました。そして、私宛の年賀状も素晴らしい著名な方々や社会事業家個人から頂くようになりました。人間の成長はその人の周りの方々の〝質と量〟～つまり、影響力があり信頼されている多くの方々との出会いが指針になるように思うのです。

そして、それは家族の間でも言える事です。私は、以前出版した『スゴー家の人々～自叙伝的子育て奮戦記～』で、幼い頃からの母子家庭が故の自分なりの覚悟や、一生懸命に考えて邁進して来た人生を記しました。

親が自分の命の分身である子供を大切にしないはずがありません。私は、自分の親に対して、そして自分も親として一度きりの人生を最善を尽くして全うするにはどうすればいいのかを長く考えてきました。

それがこの本のテーマでした。人生の「機会損失」は勿体ないです。それは何かというと「出会い」「気づき」「感動」「達成感」というものです。そのためには自分が自分に常に『やる気』を与え、目標設定と努力と感謝を繰り返す事なのです。この『やる気』のメカニズムや真の意味をこの本で表し伝えたいと思いました。ダイヤモンドはダイヤモンドで磨かれ、ヒトはヒトで磨かれます。目標と『やる気』を持ち続けている人は常に輝き、周りに感謝の光景を作っていきます。

そんな素晴らしい光景を皆で共感し、多く見られますように願います。
この本を最後までお読みいただきましてありがとうございました。

感謝

菅生　新

【著者プロフィール】

## 菅生 新　すごう・あらた

経営コンサルタント、放送ジャーナリスト。

１９５９年高知県生まれ。同志社大学法学部卒。

主に、ベンチャー企業のコンサルタントとして各社顧問・講演・執筆・幹部教育などに活躍中。

『菅生新のサクセスファイター』（ＳＵＮ-ＴＶ）『菅生新のドリームファイター』（ＴＯＫＹＯ ＭＸ ＴＶ）『菅生新のビジネスハンター』（ＢＳジャパン）等のメインキャスターとして長年にわたり多くの企業家達との経営対談を放送する。

次世代リーダーのための企業家勉強会「サクセスファイターズ」主宰。

URL:http://sugou.jp/
☆この本に於けるご意見ご要望をお寄せ下さいませ。E-mail:info@sugou.jp

**成功する人はなぜ『やる気』を持ち続けられるのか**

発行　平成30年4月1日　第1刷

**著者**　**菅生　新**

**装丁デザイン**　**HOPBOX**
**構成**　**奥　正章**
**編集**　**岡田タカシ**

**発行者**　**佐野　裕**

**発行所**　**トランスワールドジャパン株式会社**
〒150-0001
東京都渋谷区神宮前6-34-15モンターナビル
TEL03-5778-8599／FAX03-5778-8743

**印刷**　**中央精版印刷株式会社**

Printed in Japan
Arata Sugo, Transworld Japan Inc. 2018
ISBN 978-4-86256-236-4